«Confiar en patrones viejos y conocidos puede dar seguridad, pero también traerte problemas. Animarte a hacer lo contrario puede ser la mejor manera de salir de una situación estancada. Este libro logra sintetizar una enorme cantidad de investigación psicológica en unas pocas estrategias prácticas que parten justamente de eso: hacer lo contrario. Aprende a manejar el estrés en el trabajo, los roces en la relación y la preocupación constante con nuevos comportamientos y consejos bien útiles.»

– Alexander Rozental, profesor de psicología, psicólogo clínico y autor

«Un recordatorio importante de cómo solemos sabotearnos sin querer, y consejos útiles para romper con esos patrones.»

– Emma Frans, investigadora y autora

«La guía perfecta para cuando tu intuición te lleva directo al desastre.»

– Sandra Beijer, autora y bloguera

Para Julian, Iris y Behnaz

Título original: *Tvärtom*
© Stefan Pagréus, 2024
Publicado por acuerdo con la editorial Bonnier Fakta, Estocolmo (Suecia) y Casanovas & Lynch Literary Agency S.L.
© de la traducción, Carmen Cremades, 2025
© Ediciones Kōan, s.l., 2025
c/ Mar Tirrena, 5, 08918 Badalona
www.koanlibros.com • info@koanlibros.com
ISBN: 978-84-10358-27-0 • Depósito legal: B-16817-2025
Maquetación: Cuqui Puig
Impresión y encuadernación: Imprenta Mundo
Impreso en España / *Printed in Spain*

Todos los derechos reservados.
Cualquier forma de reproducción, distribución, comunicación pública o transformación de esta obra solo puede ser realizada con la autorización de sus titulares, salvo excepción prevista por la ley. Diríjase a CEDRO (Centro Español de Derechos Reprográficos, www.cedro.org) si necesita fotocopiar o escanear algún fragmento de esta obra.

1ª edición, octubre de 2025

Stefan Pagréus

AL CONTRARIO

7 estrategias para *reducir*
el estrés (4), la preocupación (5),
la ansiedad (3), el desánimo (1),
la autocrítica (7), y *mejorar*
el sueño (6) y las relaciones (2)

KŌAN

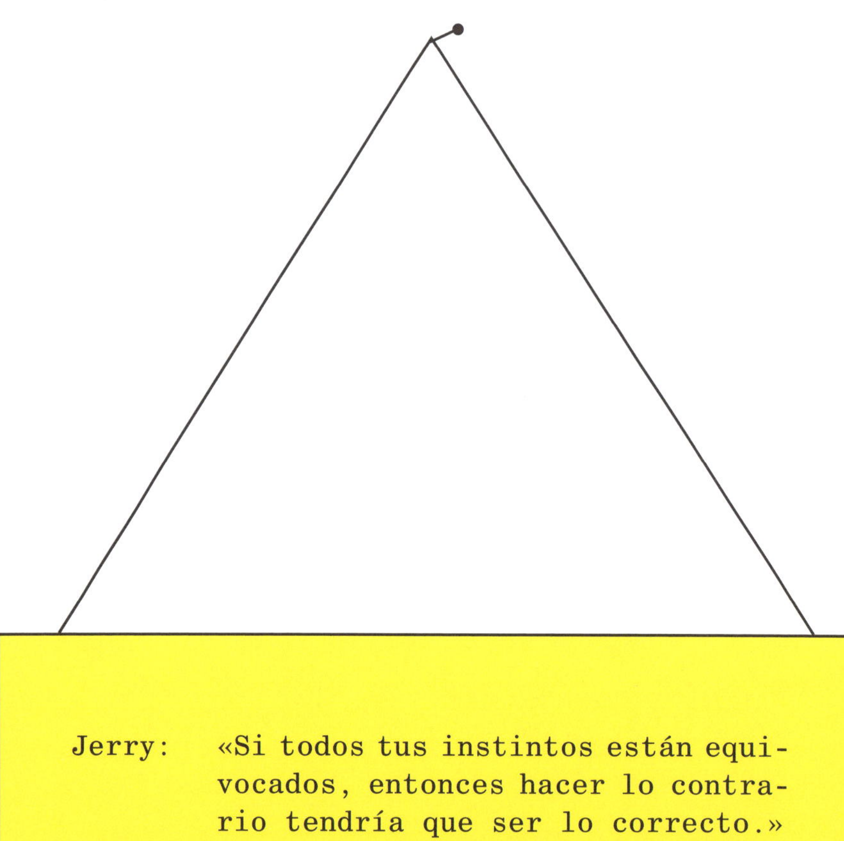

Jerry: «Si todos tus instintos están equivocados, entonces hacer lo contrario tendría que ser lo correcto.»

George: «¡Exacto! Voy a hacer lo opuesto. Antes me quedaba sentado sin hacer nada, y lo lamentaba el resto del día. Así que ahora voy a hacer al revés… ¡y voy a hacer algo!»

— *Seinfeld*, «The Opposite»

PRÓLOGO

Como psicólogo, todo el tiempo me encuentro con personas que están lidiando con distintos tipos de problemas. La mayoría intenta resolverlos con estrategias que parecen razonables, suenan lógicas y hasta parecen completamente correctas. Solo que los llevan, sin darse cuenta, directo al desastre.

Como terapeuta me sorprende ver cuántos de mis pacientes empeoran su situación. Muchas veces, el verdadero problema es justamente la manera de enfrentarlo.

La solución, para sorpresa de muchos, suele ser empezar a actuar de una manera que parece contraintuitiva, rara o directamente equivocada. Es decir, hacer *lo contrario*. De eso trata este libro: de cómo dejar de seguir tu instinto y, en cambio, hacer justo lo opuesto. Y cómo eso puede ayudarte a sentirte mejor, a estar más contento, tener menos miedo, dormir bien, estresarte y preocuparte menos, llevarte mejor con los demás y dejar de machacarte.

El libro tiene siete capítulos, cada uno dedicado a los problemas más comunes con los que solemos batallar. Y un capítulo final que, en cierto sentido, es el más importante de todos.

Está pensado, sobre todo, para los que están bien, más o menos bien, o a ratos no tan bien. Pero si te sientes realmente mal o estás pasando por dificultades psicológicas graves, este libro no va a ser suficiente. En ese caso, mi consejo es —lo adivinaste— hacer lo contrario: busca ayuda profesional, ya sea de un médico o psicólogo, cuanto antes.

INTRODUCCIÓN

Este libro es para quienes no se sienten del todo bien —ya sea ahora, a veces o de tanto en tanto—. Se centra en siete problemas comunes relacionados con el bienestar mental y propone una idea sencilla, aunque contraintuitiva: hacer lo contrario de lo que te dice tu instinto.

Las estrategias y técnicas que vas a encontrar en este libro están respaldadas por la ciencia, y además sé que funcionan por experiencia directa con cientos de personas. La verdadera pregunta es: ¿por qué funcionan tan bien? O quizá deberíamos preguntarnos lo contrario: ¿por qué nuestras estrategias instintivas funcionan tan mal? ¿Por qué es tan común que el instinto nos sugiera hacer justo lo que termina empeorando las cosas? Que aumente nuestra ansiedad, tristeza o estrés, que nos aleje de quienes queremos, que nos quite el sueño y nos deje atrapados en pensamientos negativos hasta volvernos realmente infelices. Como si, para aliviar la picazón de mosquito en la frente, nuestra reacción automática fuera darnos con una sartén.

Después de millones de años de evolución, uno esperaría que el cerebro supiera manejar al menos lo básico, ¿no? Pero ahí está la paradoja: probablemente se explique porque el mundo en que habitamos hoy no se parece en nada al de antes. Y en el camino hemos cambiado por completo lo que entendemos por «el sentido de la vida».

Vivir y reproducirse

Quizá las estrategias del cerebro sean, en el fondo, una respuesta bastante eficaz —incluso brillante— a una sola pregunta: ¿Cómo logro que este pobre cuerpo aguante un día más y tenga otra oportunidad de tener un poco más de sexo? Puede sonar como una definición bastante pobre del sentido de la vida, pero en realidad eso está en el centro mismo del proceso evolutivo de todo ser vivo que respira en este planeta. El objetivo siempre ha sido evitar la muerte y transmitir los genes a la siguiente generación. Cosas como el disfrute, la felicidad o la paz interior han estado mucho más abajo en la lista de prioridades, y puede que incluso hayan sido un obstáculo para la supervivencia. Visto así, muchos de nuestros comportamientos problemáticos empiezan a tener algo más de sentido.

Tomemos, por ejemplo, la ansiedad y la preocupación. Qué fácil nos resulta imaginar que va a pasar lo peor. Pero la investigación muestra que, en realidad, casi nunca sucede. En un estudio sobre el tema, se demostró que el 91% de las cosas que la gente temía... jamás ocurrieron. Falsa alarma. Y en los casos en que sí pasaron, rara vez fueron tan catastróficas como uno se imaginaba.

Sabiendo lo improbables que son estos temidos escenarios —y el sufrimiento que causan—, uno podría preguntarse: ¿por qué nos preocupamos tanto? Pero esa sería la pregunta equivocada. Desde una perspectiva evolutiva, preocuparse ha sido, probablemente, una estrategia muy eficaz para sobrevivir.

Imagina que vas caminando por el bosque y oyes un crujido en los arbustos, un poco más adelante. Puedes suponer que solo fue el viento entre las ramas y seguir tu camino. O temer lo peor y asumir que hay un lobo al acecho entre la maleza.

Si optas por el camino más seguro y te equivocas, no pasa gran cosa: te asustas y das media vuelta. Pero si actúas con imprudencia y tienes mala suerte, te puede suceder como a Caperucita Roja. En muchos casos, suponer lo peor ha sido una estrategia más segura. Preocuparse ha salvado vidas. Por eso esa tendencia se ha extendido con tanta eficacia en la especie humana.

Pero el mundo de hoy es radicalmente distinto, y muchas de las amenazas que antes ponían en riesgo nuestra supervivencia ya no existen. Esa transformación, fruto de la cultura y la creatividad humanas, ocurrió a gran velocidad. La evolución, en cambio, avanza lento. Todos cargamos con un hardware obsoleto de cientos de miles de años entre las orejas. Y no, no podemos deshacernos de la preocupación así como así.

Además, hemos creado toda una nueva serie de cosas por las que preocuparnos: las cuotas de la hipoteca, las fechas de entrega en el trabajo que se nos vienen encima, o si esos jeans nuevos realmente nos quedan bien de atrás. Nada de eso pone en riesgo la vida, por supuesto. Pero el cerebro solo tiene un sistema del miedo, y reacciona igual frente a cualquier amenaza, por trivial que sea.

Más estrategias de la Edad de Piedra

La tristeza y la depresión también pueden entenderse desde esta misma perspectiva.

Cuando estamos bajos de ánimo, nuestra reacción más común suele ser aislarnos, tomar distancia, escondernos del mundo. Y, sin embargo, ¿no resulta paradójico que busquemos la soledad y evitemos justo aquello que da sentido y alegría a la vida, justo cuando más necesitamos compañía, afecto y un poco de diversión?

Algunos científicos han planteado si la depresión podría tener cierta ventaja evolutiva o adaptativa. Una de las teorías sugiere que sería una respuesta a situaciones difíciles, una especie de señal que lanzamos al entorno para decir: «necesito ayuda, cuídenme un poco».

Durante la mayor parte de nuestra existencia, los seres humanos hemos vivido en comunidades pequeñas, rodeados de familiares y amigos con quienes teníamos lazos muy estrechos. En un entorno así, el aislamiento de una persona se notaba enseguida. *¿Por qué Roger no sale de la cueva y se queda ahí, todo apagado?*

Hoy llevamos vidas más independientes, cada uno en su casa, muchas veces en ciudades donde el contacto con el entorno es esporádico y apenas conocemos el nombre de nuestros vecinos. Quizá ese impulso de aislarse cuando uno está triste funcionaba, en su origen, como una señal de auxilio. Pero ahora ya no sirve: solo terminamos perdidos en nuestra soledad, atrapados en pensamientos oscuros.

Comparaciones tramposas

¿Y qué pasa con el exceso de vueltas mentales? ¿Por qué nos castigamos tanto y no dejamos de repasar lo que salió mal? La relación que no funcionó. El trabajo que no conseguimos. La metida de pata en la fiesta de fin de año. El pasado no se puede cambiar, entonces, ¿qué sentido tiene?

Tal vez lo hacemos para no volver a cometer los mismos errores. En un mundo más peligroso, como el de nuestros antepasados, dar vueltas a los fracasos y analizar en detalle qué podríamos haber hecho distinto pudo haber sido clave para la supervivencia.

Pero el mundo moderno ha llevado esos mecanismos mentales al extremo. Ya no nos comparamos con Roger en la choza de al lado, sino con Elon Musk y Kim Kardashian, con modelos en ropa interior en el metro y personajes perfectos en las series. Siempre hay alguien más rico, más exitoso, con la piel más suave, mejores chistes e hijos más lindos. Rara vez sentimos que somos los mejores en algo —ni siquiera buenos—. Y con menos que eso, ya alcanza para volverse autocrítico.

Del amor al conflicto

Quizá los desafíos que nos plantean el amor y las relaciones tengan que ver, al menos en parte, con el desajuste entre nuestra biología y nuestra cultura. ¿Por qué cuesta tanto estar en pareja y ser feliz? ¿Por qué terminamos discutiendo con las personas con las que vivimos, a veces hasta el punto de que la relación se desgasta y se rompe?

Quizá la vida en pareja era más sencilla y había menos roces en una sociedad sin jornadas laborales de cuarenta horas, donde no existía la obsesión por el éxito ni esos ideales inalcanzables sobre la salud, el cuerpo y el sexo. ¿O será, de forma más radical, que no estamos hechos para llevarnos bien todo el tiempo? Vivimos en una cultura que romantiza la idea del amor para toda la vida. Pero si prestamos atención a cómo vivimos en la práctica, lo que predomina es más bien una monogamia en serie: compartimos un tiempo con alguien, luego se termina... y empezamos otra historia.

Que un mamífero se mantenga fiel a una sola pareja durante más de un cuarto de hora ya es, de por sí, bastante excepcional. La monogamia solo se da en un tres a cinco por ciento de los animales vivíparos. Se cree que esto se debe a que, una vez nacida la cría, el macho tiene poco que aportar. La madre amamanta y cuida, y muchas veces las crías ya están listas para arreglárselas solas en cuanto se les acaba la leche.

En nuestro caso, las cosas son distintas. No podemos simplemente ponerle una papilla en la mano al niño y mandarlo a enfrentarse al mundo en cuanto dejamos de amamantar. Necesitamos cuidados durante mucho más tiempo. Y contar con dos personas adultas que se ocupen parece haber sido una ventaja.

Pero después, cuando los hijos ya pueden valerse por sí mismos —para decirlo sin rodeos—, ¿hay algún beneficio real para los padres en seguir juntos? Algunos estudios señalan que quienes tienen varias parejas a lo largo de su vida suelen tener más hijos. Si el objetivo evolutivo es maximizar la transmisión de nuestros genes, tal vez tenga sentido pasar a una nueva pareja. Además, es difícil saber de antemano qué combinación genética va a resultar más exitosa. Quizá convenga aplicar una estrategia de diversificación —una especie de seguro genético— y tener hijos con distintas personas, en lugar de poner todos los huevos en la misma canasta.

Que el amor empiece con una pelea es discutible, pero las separaciones casi siempre lo hacen. Tal vez deberíamos entender las peleas y los conflictos como un mecanismo que nos empuja a distanciarnos y buscar una nueva pareja. ¿Y si no fuera un error, sino parte de cómo estamos diseñados?

Felicidad, diversión y otras modernidades

Aquí estamos, con un cerebro diseñado para otra época y otro mundo. Un mundo peligroso y despiadado, sin calefacción en las casas, sin escuelas ni hospitales, sin medicamentos, cañerías, supermercados, móviles, Google, residencias para mayores, licencias por maternidad o paternidad, neveras, cápsulas de café, *snacks* y salsas listas para mojar. Hoy reemplazamos órganos y dientes cuando dejan de funcionar, cobramos ayudas para cuidar a nuestros hijos, votamos a nuestros gobernantes y vivimos con leyes que nos obligan —más o menos— a tratarnos bien. Hemos logrado postergar la muerte unos cincuenta años: la vejez ya no es una rareza, es la norma. Claro que no todo es perfecto y hay amenazas importantes en el horizonte, pero, en el día a día, estamos más protegidos que nunca.

Muchas de nuestras estrategias instintivas parecen haber perdido vigencia hoy. Además, hemos redefinido el sentido de la vida. Sobrevivir y reproducirnos, con todo el mérito que eso tiene, ya no es suficiente para nosotros: es una meta demasiado pobre. Hemos decidido que la vida debe ser mucho más que eso, que debe incluir cosas como la felicidad, la alegría, la autorrealización y las relaciones significativas. Y con toda razón.

Ya reescribimos el *briefing*. El problema es que el cerebro no parece haberse enterado. Hora de hackearlo.

Vive un poco menos naturalmente

Los métodos que encontrarás en este libro van, en muchos casos, en contra de lo que tu intuición considera razonable. No nos salen de forma natural. Si decides ponerlos en práctica, probablemente atravieses momentos de leve incomodidad y confusión. No estamos acostumbrados a hacer lo contrario.

Y sin embargo no te son del todo ajenos. Porque si eres como la mayoría de nosotros, ya usas estrategias con esta lógica en tu vida cotidiana. Por ejemplo, cuando vas al gimnasio o te abstienes de comer algo rico. Nada más antinatural que eso. Desde una perspectiva estrictamente evolutiva, gastar energía sin necesidad —y encima negarse a reponerla— es una completa locura. Pero la evolución no podía prever que crearíamos una vida en la que no hay que moverse para conseguir el almuerzo (ni para evitar ser el de otro), y en la que los carbohidratos rápidos siempre están al alcance de la mano. Hemos tenido que aprender a compensar todo eso por nuestra cuenta.

Por eso siempre será más fácil devorar una chocolatina en el sofá que subirse a la bicicleta fija y empezar a sudar. Del mismo modo, es posible que las estrategias que compartiré contigo nunca lleguen a parecer del todo naturales. Sin embargo, igual que el ejercicio y una alimentación equilibrada, es muy probable que te ayuden a sentirte mejor. Quizá incluso a vivir un poco más. Y a tener más sexo. Así que no te desanimes: ¡al contrario!

01

DESÁNIMO

TE AÍSLAS CUANDO LA VIDA SE PONE DIFÍCIL

Decaído, sin ganas ni fuerzas. La mayoría de nosotros ha pasado por períodos de desánimo. Todo parece un poco gris y apagado, y los pensamientos alegres o positivos brillan por su ausencia. A veces es fácil identificar la causa. Puede ser que hayamos atravesado algún tipo de contratiempo, decepción, fracaso o pérdida. Tal vez has tenido una racha difícil en el trabajo, un conflicto puntual, o estás lidiando con problemas de dinero, salud o en una relación.

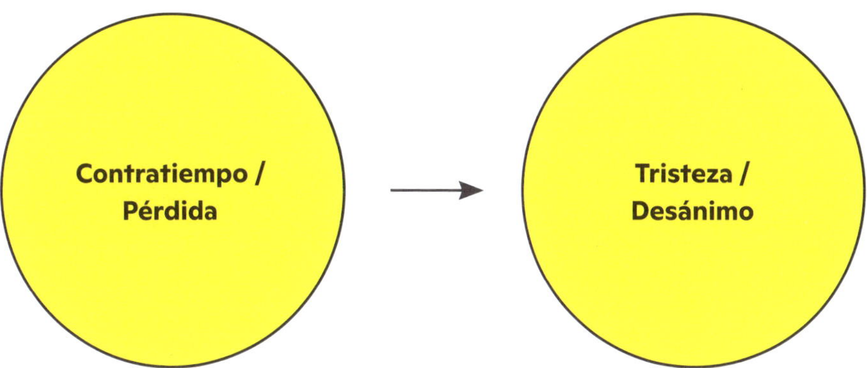

Otras veces cuesta más identificar qué es lo que no anda bien. Es más bien una sensación que se ha ido instalando poco a poco: uno puede sentirse inquieto, tener pensamientos oscuros sobre el futuro o experimentar sentimientos de culpa difíciles de nombrar.

Cuando aparecen esos pensamientos y emociones, es común —muy común— que sintamos el impulso de aislarnos y encerrarnos. Surge una necesidad de estar solos y lamer nuestras heridas. Total, nada nos motiva o entusiasma, ¿para qué intentarlo, entonces?

Cuando me siento así, es habitual pensar que, si veo a alguien y se da cuenta de que no estoy bien, voy a tener que hablar del tema y arruinar la charla. Así que prefiero no quedar, y cuando los amigos me escriben, les digo que no. «Ahora mismo no soy buena compañía, tengo que estar mejor primero.» Dejo pasar la salida a correr, porque todo se me hace cuesta arriba. Y ceno cualquier cosa, lo primero que haya —una bolsa de patatas, por ejemplo—, porque ¿quién tiene energía para cocinar? Me quedo más tiempo en la cama. Pienso: «Necesito descansar. Y mientras duermo, al menos me olvido un rato de todo esto.» En casa, en silencio, empiezo a darle vueltas a por qué me siento así, con la esperanza de encontrar una explicación o una salida.

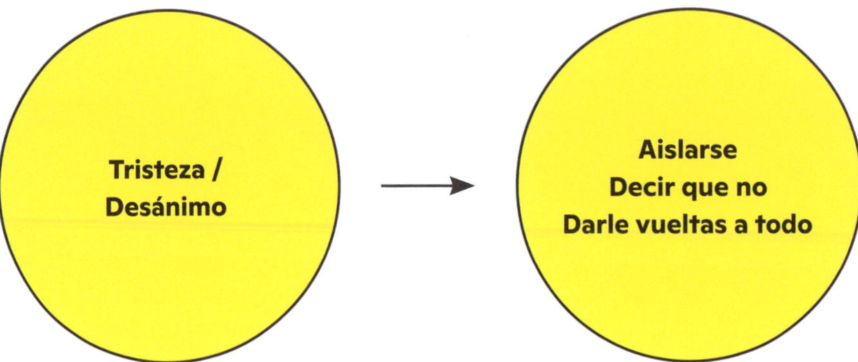

A veces, claro, ese desánimo puede desaparecer por sí solo. Pero muchas veces, en lugar de mejorar, uno empieza a sentirse cada vez peor. Y como era de esperar, terminamos cayendo en un círculo vicioso.

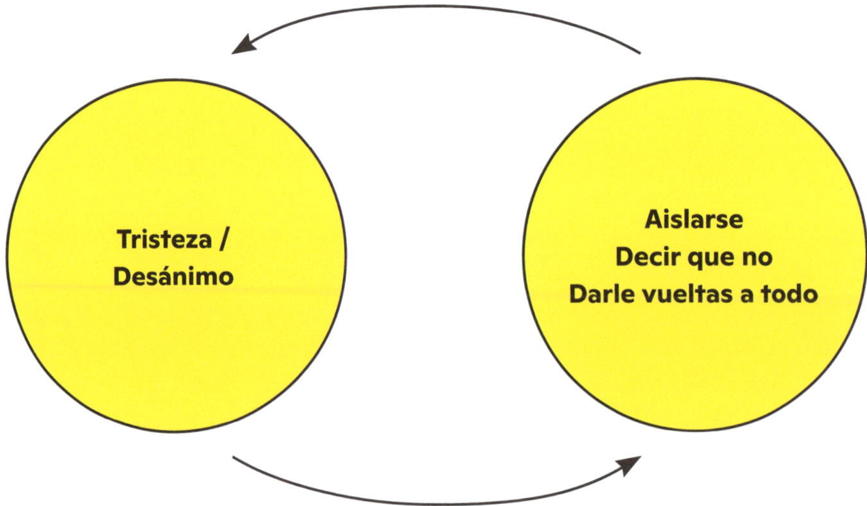

Y no es tan raro, en realidad. Cómo nos sentimos es, en gran medida, el resultado de todo lo que hacemos para cubrir nuestras necesidades básicas. Quedamos con amigos porque somos seres sociales y nos hace bien compartir con otros. Hacemos ejercicio y nos movemos para que el cuerpo y el cerebro funcionen como deben. Dormimos según un ritmo que por lo general se ajusta a lo que necesitamos. Comemos de forma más o menos variada para obtener los nutrientes esenciales. Y dedicamos tiempo a nuestras aficiones porque nos dan alegría y nos recargan de energía.

Cuando dejamos de lado una o varias de estas cosas —e incluso todas—, empezamos a sentirnos peor y la vida se nos hace cuesta arriba. ¿Y qué pasa con las vueltas mentales? Más adelante hablaremos de por qué rara vez nos ayudan a mejorar o a encontrar una salida. Ocurre más bien lo contrario.

Hooked on a Feeling[1] da-da-da-da

Qué locura, la mente humana. Uno de sus trucos más sorprendentes es que puede vislumbrar el futuro. Tenemos la capacidad de imaginar, proyectar y fantasear con lo que podría pasar antes de que ocurra. Esta habilidad parece ser exclusivamente humana. Y probablemente sea eso lo que explica por qué somos nosotros —y no los pinzones o las nutrias— quienes terminamos adueñándonos del planeta.

Podemos imaginar tanto cosas buenas como malas que podrían pasar, y eso influye en cómo actuamos. Es como probar un bocado del futuro. Una supercapacidad. Pero, para orientarnos, solemos guiarnos por lo que sentimos. Las emociones tiñen nuestros pensamientos, nuestras expectativas y nuestras decisiones.

Y estamos extrañamente atrapados por la emoción del momento, la que sentimos aquí y ahora. Hace tiempo (mucho antes de que existieran los teléfonos móviles), un grupo de investigadores hizo un experimento interesante. Se situaron junto a una cabina telefónica. Cuando las personas salían, después de hacer su llamada, les preguntaban cómo de felices se sentían con su vida.

1. Una canción pop de 1968, popularizada en los años 70 por la versión del grupo sueco Blue Swede. Su distintivo ritmo y el coro «ooga-chaka» la convirtieron en un clásico de la cultura pop.

A la mitad de las personas se les había dejado una moneda sobre el teléfono. Al entrar en la cabina, la encontraban y podían usarla para hacer su llamada. El otro grupo no encontraba nada. Lo que reveló el experimento fue que quienes habían tenido la «suerte» de encontrar la moneda se consideraban más felices que los demás. Es decir, toparse con una simple moneda había influido —sin que lo notaran— en cómo evaluaban toda su vida: el trabajo, la salud, las relaciones, el amor y el sentido de todo.

Un ejemplo quizá aún más concreto aparece en un estudio que mostró que la gente toma peores decisiones al hacer las compras de la semana si acaba de almorzar. La sensación de saciedad del momento hace que subestimen cuánta comida van a necesitar más adelante. En otras palabras, las emociones tienden a sabotear nuestra capacidad de ver las cosas en perspectiva.

Cuando imaginamos el futuro, lo hacemos muy influidos por las emociones que sentimos en el momento. Eso moldea nuestros pensamientos y

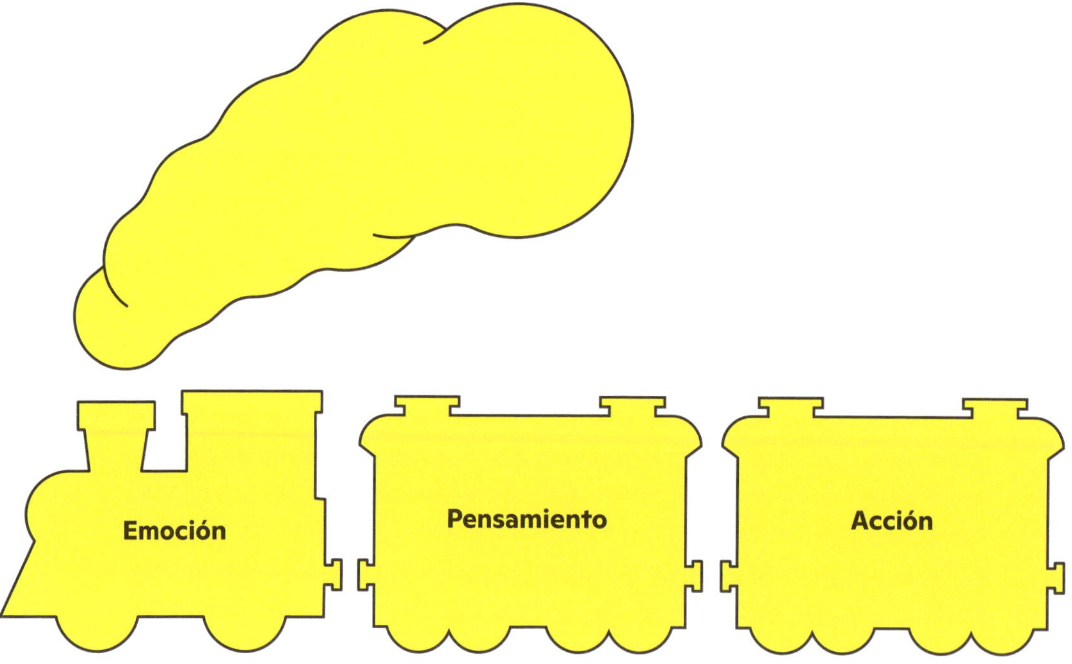

la manera en que decidimos actuar. Así vamos, la mayor parte del tiempo, avanzando por la vida guiados por lo que sentimos:

Que las emociones marquen la agenda no suele ser un problema, especialmente cuando estamos de buen ánimo. Las emociones positivas nos vuelven entusiastas, curiosos, nos dan ganas de hacer cosas. Nos hacen sentir que será genial ver a Matilda y a Pedro el sábado. Que salir a correr un rato valdrá la pena. Que definitivamente se justifica pasar tres horas frente a los fogones para preparar un *ossobuco alla milanese* como Dios manda. Y que una escapada a Copenhague en Semana Santa suena, sencillamente, maravillosa.

Pero, por desgracia, toda moneda tiene su reverso. Cuando la vida se percibe gris, apagada y desalentadora en el presente, las señales que recibimos son otras. Señales que nos hacen difícil imaginar que algo de lo que hagamos pueda llegar a resultar divertido o gratificante. Seguro que Matilda se va a poner a hablar de su madre y sus líos de siempre. Seguro que justo empieza a llover cuando salga a correr. Tres horas frente a los fogones... tiempo que no voy a recuperar jamás. ¿Y los daneses con sus *smørrebrød*? Al final, no deja de ser un simple sándwich, ¿o no?

Las emociones negativas se posan sobre nosotros como un manto húmedo y nos hacen creer que todo es —y seguirá siendo— aburrido, malo y sin sentido. Pensamos que, mientras nos sintamos así, no vale la pena hacer nada. Nos volvemos pasivos, retraídos, sin iniciativa. A menudo empezamos a darles vueltas a las cosas, en un intento fallido de provocarnos otra emoción. Y terminamos hundiéndonos aún más. Porque no podemos simplemente decidir sentir otra cosa: está fuera de nuestro control.

Entonces, ¿qué podemos hacer para sentirnos mejor? Si creemos que la clave es esperar a que aparezca una emoción distinta, no nos queda otra que tener paciencia. Hay algo de lo que podemos estar seguros: la emoción que sentimos ahora, en algún momento, será reemplazada por otra. Como el clima. Después de la lluvia sale el sol. La pregunta es: ¿es una llovizna pasajera o estamos atrapados en un temporal? Si es lo segundo, puede que tengamos que esperar bastante. Pero si no quieres esperar, ¡haz lo contrario!

HAZ LO CONTRARIO: ACTÚA COMO SI TE SINTIERAS BIEN

Es posible que hayas notado que el círculo negativo que describí antes era, justamente, un círculo. La mayoría podemos estar de acuerdo con la idea de que sentirse mal nos lleva a actuar con desgana, a apagarnos y retraernos. Pensamos en nuestras emociones como algo que nos sucede. Nos deprimimos y optamos por encerrarnos en nosotros mismos. Esto es verdad.

Rara vez se nos ocurre que también puede funcionar al revés. Uno puede estar de buen ánimo, sentirse genial. Ni una nube en el cielo. Pero entonces pasa algo que cambia las circunstancias y, con ellas, nuestro comportamiento. Tal vez te fracturas un pie y empiezas a andar con muletas. Te quedas en casa, no vas a trabajar, dejas de ver a tus amigos, duermes mal y no puedes salir ni hacer lo que te apasiona, aunque no quieras otra cosa más que eso.

Todo eso afecta tu estado de ánimo, y podrías terminar atrapado en el mismo bucle de antes. Porque sí: lo que sentimos influye en lo que hacemos. Pero también funciona al revés. Y ahí está lo interesante: si nuestras acciones pueden cambiar cómo nos sentimos, entonces también es posible entrar en un círculo virtuoso.

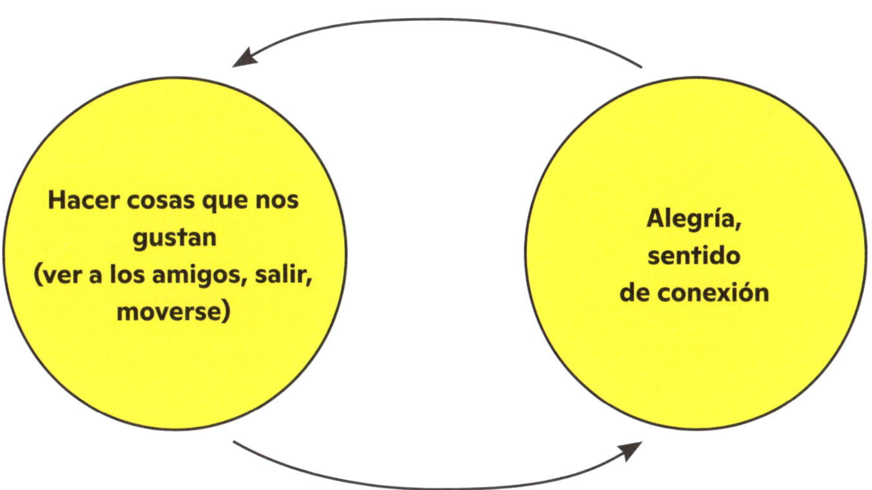

Como no podemos simplemente decidir sentirnos bien, tenemos que entrar por otra puerta: la de nuestras acciones. Hay que dejar las emociones a un lado, al menos por ahora. Puede parecer raro, incluso contrario a lo que solemos escuchar: que hay que seguir el corazón, hacerle caso a la intuición. Pero en este momento, nuestras emociones no son una brújula confiable. Tenemos que encontrar otra manera de orientarnos.

Ponte en marcha y empieza a sentirte mejor

Si hiciéramos las compras de la semana justo después de comernos una Big Mac, ya sabemos que no conviene guiarnos por lo que sentimos. Para no terminar con la nevera vacía el jueves, necesitamos otra estrategia. Podemos usar una especie de algoritmo: por ejemplo, una lista de compras basada en cuánta comida solemos consumir.

Y lo mismo pasa con el estado de ánimo cuando la vida se pone cuesta arriba. Las emociones nos desorientan. Por eso, la pregunta clave no es: «¿Qué tengo ganas de hacer ahora mismo?», porque la respuesta probablemente sea: «Nada». Una pregunta más útil sería: «¿Qué hacía cuando me sentía mejor?». Si logras recrear eso —o algo parecido—, hay buenas probabilidades de que empieces a sentirte mejor.

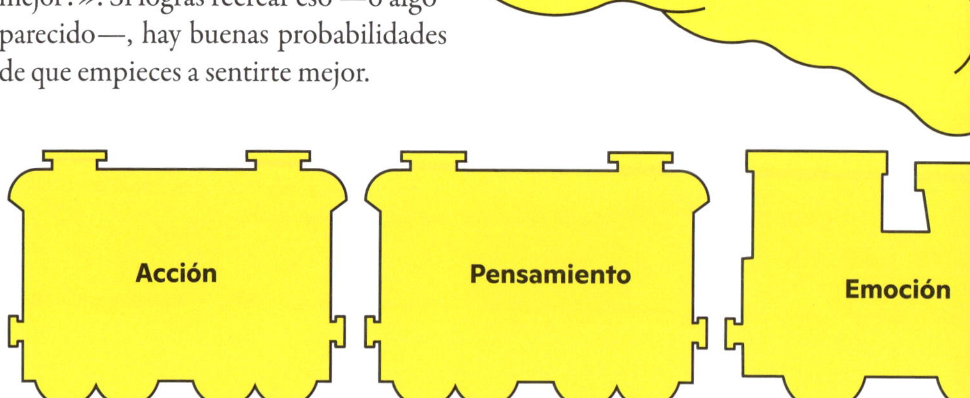

Demasiado de unas cosas, demasiado poco de otras

Cuando nos sentimos desanimados, solemos hacer más de ciertas cosas y menos de otras, en comparación con cómo actuamos cuando estamos mejor. Un buen primer paso es identificar cuáles son esas cosas. Escribe una lista con lo que estás haciendo demasiado —tus excesos— y otra con lo que estás haciendo poco —tus carencias—. Si consigues que esa lista refleje con claridad tu situación, ya tendrás un buen panorama de lo que puedes empezar a cambiar.

EXCESOS	CARENCIAS
Descansar demasiado	Dormir bien
Suspirar	Hacer ejercicio
Jugar al Candy Crush	Ver a amigos
Darles demasiadas vueltas a las cosas	Cocinar
Compararme con los demás	Ver series
Comer sándwiches	Limpiar
Revisar Instagram	Leer

Algunas cosas a tener en cuenta al escribir tu lista:

Escribe cosas que realmente haces e intenta ser lo más claro y específico posible. Pon el foco especialmente en aquellas que podrías empezar a cambiar ya mismo. Si puedes describir con qué frecuencia o en qué medida las haces actualmente, es señal de que son concretas y útiles para trabajar.

Si te descubres apuntando emociones —por ejemplo, «sentirme feliz» como una carencia—, intenta precisar qué significa eso en términos de comportamiento. Pregúntate: si me sintiera feliz, ¿qué cosas haría más o menos, concretamente? Escribe esas cosas en su lugar.

Si se te ocurren cosas que sabes —o crees— que te harían bien, ponlas por escrito, aunque nunca las hayas hecho antes. Tal vez tengas la sensación de que te sentaría bien caminar por el bosque, hornear galletitas o manejar una moto de *cross*. ¡Anótalas en la lista de «Carencias»!

Tu lista, por supuesto, es completamente personal y refleja solo lo que tú piensas y sientes. Lo importante es reconectar con aquello que te gusta, así que olvídate de las expectativas generales o de lo que otros podrían haber puesto.

Empecemos

1. Ahora tienes una lista con cosas que haces en exceso y otra con cosas que haces poco. Lo más importante es enfocarte en esta última: los faltantes. La lista de excesos es útil porque te da una idea general, pero solo señala lo que conviene evitar. En cambio, la lista de faltantes ofrece una guía más concreta: te indica qué hacer. Pon foco en ella y deja que esas actividades vayan desplazando, de forma natural, las de la columna de excesos. Algunas tareas —como ordenar o hacer la cama— quizá no sean especialmente divertidas ni estimulantes, pero solemos hacerlas igual porque sabemos que nos sentimos mejor cuando están hechas. Así que inclúyelas también.
2. Organiza y realiza algunas de las actividades de la columna de «carencias» para esta semana. ¿Por qué no una por día?
3. Cierra el libro y haz algo pequeño ahora mismo, como mandar un mensaje a alguien o preparar tu bolso de entrenamiento.
4. Enfócate en hacer, no en cómo te hace sentir. Si no todo resulta divertido desde el principio, ten paciencia: ya llegará.

«La acción es el antídoto contra la desesperanza.»

– Joan Baez

Querido diario

A veces no es fácil saber qué cosas nos hacen sentir bien. Si ese es tu caso, utiliza este diario como apoyo. Escribe, día a día, lo que hagas durante esta semana. Subraya en verde las actividades que te resulten agradables o te den energía. Usa rojo para las que te parezcan aburridas o te quiten energía.

Horario	Lunes	Martes	Miércoles
06:00-07:00			
07:00-08:00			
08:00-09:00			
09:00-10:00			
10:00-11:00			
11:00-12:00			
12:00-13.00			
14:00-15:00			
16:00-17:00			
17:00-18:00			
18:00-19:00			
19:00-20:00			
20:00-21:00			
21:00-22:00			
22:00-23:00			
23:00-01:00			
01:00-04:00			
04:00-06:00			

Y amarillo para las que estén en un punto intermedio. Concéntrate en lo verde: organiza tu tiempo y procura hacer más de esas actividades en las próximas semanas.

Jueves	Viernes	Sábado	Domingo

Sal de tu cabeza

Cada persona vive el desánimo a su manera. Lo que cada quien necesita hacer —más o menos— para empezar a sentirse mejor puede variar. Pero hay un patrón que se repite: te conviertes en una persona pasiva, que ha dejado de hacer cosas en el mundo real y se ha quedado atrapada en su cabeza. Dar vueltas a las cosas es más la regla que la excepción, y eso tiende a perjudicarnos de una manera muy concreta. Hablaremos de esto en el capítulo 5.

Esto hace que la mayoría de la gente se sienta bien

Quiero hacer hincapié en algo: rodearte de personas que te importan —y que se interesan por ti— es esencial, y todavía más cuando estás desanimado. Estar con otros te ayuda a tomar distancia, a ganar perspectiva, y es un descanso necesario a tanto dar vueltas a tus asuntos en la cabeza. A muchas personas que se sienten desanimadas les cuesta planear encuentros con amigos con anticipación, por miedo a no tener ganas cuando llegue el día. Entonces esperan a sentirse bien para proponer algo, pero cuando por fin lo hacen, los amigos ya tienen otros planes.

¡Es hora de terminar con esa costumbre! Empieza a agendar encuentros con otras personas para dentro de una o dos semanas. Y no canceles las citas, sin importar cómo te sientas ese día. Tener actividades programadas en el calendario suele generar una sensación general de movimiento, de que hay algo que esperar. A veces tengo que insistir para que mis pacientes más reticentes salgan a ver a sus amigos. Y casi siempre vuelven más animados. Los amigos son una maravilla, ¿no? ¡Asegúrate de ver a los tuyos!

Pero ¿no me estoy engañando?

Cuando estamos con el ánimo por el suelo, podemos empezar a restar valor a los momentos de alegría o disfrute. A veces escucho decir: «Siento que solo estoy escapando de lo que realmente me pasa». O: «Sí, lo paso bien cuando estoy con amigos, pero en cuanto cruzo la puerta, todo parece otra vez gris».

Pensar así es ver las cosas al revés. Los seres humanos estamos hechos para estar en movimiento, hacer cosas, relacionarnos con otros. No para quedarnos en casa, rumiando pensamientos y mirando la pared. Al salir y activarte, generas las condiciones naturales para sentirte mejor. Cuando eso pasa, lo más común es que el bienestar llegue solo.

¿Has perdido algo que no puedes recuperar?

A veces nos sentimos desanimados porque hemos perdido algo. Tal vez se terminó una relación. O se mudó un buen amigo. O quizá una enfermedad o una lesión nos impide hacer lo que deseamos.

Es fácil ceder a la idea de que, si no puedes tener exactamente lo que quieres, entonces no vale la pena intentarlo. Pero no te hagas eso. Busca actividades que te transmitan una energía similar. En vez de ver a tu ex, queda con tus amistades. Si tu mejor amiga vive lejos, compartid una cerveza por videollamada. Y si no puedes correr, sal a caminar.

Estoy haciendo exactamente lo mismo que hacía cuando me sentía bien

A veces, incluso cuando seguimos con nuestras rutinas —hacemos ejercicio, socializamos, nos mantenemos activos— el malestar persiste. Puede deberse a preocupaciones, ansiedad, problemas de sueño, estrés o dificultades en las relaciones. El desánimo suele ir de la mano de otros factores, que también exploraremos en los próximos capítulos. Te invito a seguir leyendo.

Acepta la situación

No todos los días son buenos. Así de simple. Si no logramos aceptar que hay momentos difíciles, todo se vuelve más arduo de lo que hace falta. Muchas veces empezamos a culparnos por sentirnos mal, y eso solo nos trae más estrés, ansiedad y desánimo.

En lugar de pelear contra molinos de viento, lo mejor que podemos hacer es aceptar la situación. Aceptar no significa rendirse ni resignarse ante lo que no está bien. Todo lo contrario: te invito a que hagas todo lo que esté a tu alcance para cambiar lo que sí puede mejorar. Pero también tenemos que estar dispuestos a reconocer que la vida, a veces, es dura y complicada. Huir, resistirse o negarlo no ayuda. Al contrario, muchas veces eso nos lleva a quedarnos atrapados en el malestar y a criticarnos más de la cuenta.

Lee el capítulo 7 y empieza a entrenar tu capacidad de abrirte a lo difícil y tratarte con más amabilidad. Como harías con cualquier otra persona.

Para terminar

Las emociones, tarde o temprano, cambian. Sigue haciendo aquellas cosas que sabes que te hacen bien. No caigas en la tentación de aislarte, encerrarte o dejar de moverte, porque eso puede agravar y alargar el bajón. Si tu estado de ánimo no mejora con el tiempo, pide ayuda: agenda una cita con tu médico. Podrías estar atravesando una depresión, y en ese caso necesitas tratamiento.

02

PROBLEMAS DE PAREJA

INTENTAS CAMBIAR A TU PAREJA

Cambiar hábitos y conductas es difícil. Da igual si se trata de empezar a entrenar, dejar de fumar, levantarte una hora antes o seguir una dieta. Para lograrlo hacen falta esfuerzo, disciplina y una buena dosis de motivación. Si no tienes que cambiar o no te nace de verdad, ¿para qué intentarlo? Y eso que hablamos de cambiar *uno mismo*. Aun así, hay muchas probabilidades de que volvamos a lo de siempre y terminemos por rendirnos. Pero cuando se trata de cambiar *a los demás*, parece que nunca nos cansamos. Especialmente si se trata de la persona con la que compartimos la vida.

Suele seguir este guion. Conocemos a alguien y nos enamoramos. Nos parece que casi todo lo que hace es genial, y nos encantan sus manías, sus rarezas, su forma de ser. Muchas veces, lo que más nos atrae es precisamente eso que es distinto a nosotros. ¡Qué persona tan maravillosa!

Pasa el tiempo. Se instala la rutina y, poco a poco, empieza a cambiar la forma en que vemos a nuestra pareja. Se apaga el brillo y las diferencias empiezan a generar roces. Un día nos despertamos y nos damos cuenta de que vivimos con alguien que tiene una idea bastante rara y a veces poco razonable de cómo vivir. Que mastica raro, solo pasa la aspiradora cada quince días, pone *heavy metal* a todo volumen, dobla la ropa de forma incomprensible y cree, contra toda lógica, que la boloñesa lleva champiñones. O cualquier otra cosa. Lo importante es que, sea lo que sea, no es como imaginábamos.

Y entonces comienzan los intentos por cambiar a nuestra pareja. Y, peor aún, nuestra pareja también empieza a mover los hilos para cambiarnos a nosotros. Ahí es cuando aparecen las tensiones: «¡Oye, al menos tendremos que ponernos de acuerdo en unas reglas básicas, ¿no?!». Todo se percibe como una amenaza. Porque no tenemos ninguna intención de cambiar. ¿Por qué lo haríamos, si somos tan sensatos e intachables en casi todo? Y si empezamos a ceder, ¿dónde terminarían las cosas? ¡Seguro que lo próximo es meter maíz en la boloñesa! No, no. Al contrario: sentimos que ahora más que nunca hay que plantar bandera y no ceder ni un milímetro.

Reconocemos que en la relación hay dos personas y, al poco tiempo, llegamos a una conclusión de lo más equilibrada: todo tiene que ser culpa de nuestra pareja. ¿Cómo puede una sola persona ser la causante de tantos con-

flictos? ¿No tendrá un problema? ¿Será que es emocionalmente inadecuada, un poco sádica... o directamente está loca? Empezamos a buscar diagnósticos en Google. Incluso nos suscribimos a una revista digital solo para poder leer ese artículo: «10 señales de que estás saliendo con un narcisista».

Los conflictos adquieren una nueva dinámica y dejamos atrás los hechos concretos. Ya no se trata de lo que la otra persona *hace*, sino de *cómo es*. El centro de la crítica deja de ser que hay platos sucios en la cocina o que las cuentas se pagaron tarde: ahora la persona es desordenada, descuidada, inútil.

Una cosa es que nos critiquen por lo que hacemos; otra muy distinta es que nos critiquen por cómo somos. La mayoría reaccionamos mal ante eso. La tensión emocional se dispara y empezamos a defendernos con uñas y dientes. Poco a poco la relación se polariza. Las diferencias, que al principio eran pequeñas, se agrandan. Para quien era un poco más fan del orden, de pronto resulta indispensable tener la casa impecable como un quirófano. Y quien era un poco menos obsesivo con la limpieza empieza a preguntarse si de verdad hace falta limpiar tanto... o si no será que esa exigencia es, en el fondo, un gesto de autoritarismo. ¿Un pequeño brote de fascismo doméstico?

En ese clima polarizado y cargado de tensión, cada vez cuesta más ver lo que une a la pareja. Aquello que, al principio, los hizo acercarse. Se llega a la conclusión de que son demasiado distintos, y ahí es donde muchas relaciones terminan. O bien se recurre a la terapia de pareja, para que un profesional ayude a cambiar a la otra persona.

HAZ LO CONTRARIO: CAMBIA TÚ

Cuando una pareja va a terapia, es muy común que ambos lleguen con la firme convicción de que el verdadero problema es el otro, y que el que tiene que cambiar es su pareja. Por fin van a ver a un juez que les diga quién tiene razón en asuntos como los platos, el dinero, el tiempo a solas, el sexo, las compras o la crianza de los hijos. Y, curiosamente, ambas partes están convencidas de que su manera es la única correcta y razonable. Al fin van a tener un respaldo profesional que lo confirme.

Pero lo que la terapeuta suele decir en la mayoría de los casos es que no se trata tanto de lo que hace tu pareja, sino de lo que haces tú. Y que rara vez hay respuestas objetivas. No se puede afirmar que pasar la aspiradora dos veces por semana sea lo correcto. Ni que la paga semanal de los hijos deba ser de cinco o veinte euros. Ni que ir a Cancún sea mejor plan de vacaciones que perderse en un pueblo del Pirineo.

De lo que se trata, en realidad, es de encontrar la forma de que la relación funcione para las dos partes. Y reconocer que lo único que puedes cambiar es a ti mismo. Esta idea —que tú eres quien tiene que cambiar para que la relación funcione— suele resultar extraña (y hasta intimidante), pero con el tiempo termina por hacer clic. Y tiene todo el sentido del mundo, si lo piensas bien. Cambiar uno mismo es muy difícil, sí. Pero, a diferencia de intentar cambiar a otra persona, al menos no es imposible. Porque eso sí depende de ti. Es hora de ponerse en marcha.

Eres insoportable

El primer paso, y el más importante, es reconocer que eres bastante difícil de soportar. Sí, tú. Tienes un montón de ideas, hábitos, principios y formas de actuar que son, francamente, rarísimas, y que hacen que convivir contigo no sea nada fácil.

Tu pareja siente por ti la misma frustración que tú sientes por ella. El mismo enojo, la misma decepción, el mismo cansancio. También se siente herida, incomprendida, subestimada. En el fondo, no somos tan distintos: todos queremos ser amados, aceptados, valorados y cuidados. Y más aún por las personas con las que compartimos la vida. Pero vivir con otros no es fácil. Inevitablemente, surgen roces y tensiones que nos llevan a conflictos y peleas con quien más cerca tenemos. Y cuando esa persona nos critica, nos ignora o nos grita, nos sentimos heridos, asustados y tristes.

Tal vez estés pensando que el tono de voz elevado de tu pareja o sus comentarios sarcásticos no vienen de alguien herido o triste. Pero las emociones son tramposas en ese sentido. Quizá alguna vez hayas visto a un padre o una madre detener a un niño que está por cruzar corriendo la calle. Lo alza de golpe, lo sujeta con fuerza, le grita y regaña. Parece enojo, pero en realidad es puro miedo.

Algo parecido ocurre cuando discutimos o le gritamos a alguien que queremos. Detrás suele haber otras emociones, más profundas. En el fondo no se trata tanto de quién tiene razón y quién no. Lo importante es reconocer que se trata de una trampa en la que los dos han terminado cayendo.

Tu pareja es igual de insoportable

Al igual que tú, tu pareja también es difícil. Realmente muy difícil.

¿Será debido a los genes o a su infancia? No lo sabemos. De lo que podemos estar seguros es de que va a seguir siendo insoportable más o menos del mismo modo. Las personas, por lo general, no cambian tanto. Y no importa cuánto insistas, critiques, grites o intentes razonar: no va a servir. Lo más probable es que empeore. Seguramente sea esta la razón por la que habéis llegado a este punto.

No puedes obligar a tu pareja a cambiar. Es hora de aceptar esa realidad. Tienes que preguntarte si puedes convivir con tu pareja tal como es. Si la respuesta es no, probablemente sea momento de terminar la relación. Y si no quieres hacerlo y eliges quedarte, entonces asume esa decisión y acepta que las cosas son como son.

Acepta la situación

La palabra clave es *aceptación*. Simplemente tienes que aprender a convivir con el hecho de que tu pareja se retrasa con las cuentas. Te manda mensajes desagradables porque olvidaste poner la mochila de gimnasia de los niños. Se toma una copa de más en las fiestas. No se lleva bien con tu madre. No quiere tener sexo tan seguido como tú. Mezcla la ropa blanca con la de color. O lo que sea que te saca de quicio.

Es probable que siga haciendo todas esas cosas. Es lo que hay. Pero aceptar no quiere decir que te guste. Nadie te pide que te encante que tu pareja llegue siempre veinte minutos tarde. Pero si lleva siete años haciéndolo, quizá ya sea hora de que dejes de sorprenderte y enfadarte. Al final, solo es una tortura para ti. Tienes que aprender a soltar. Tanto con tu pareja como en tu propia cabeza.

¿Entonces tengo que aceptar cualquier cosa?

Por supuesto que no. Nunca deberías aceptar abusos, atropellos o cosas que para ti son completamente inaceptables. De lo que se trata es de reconocer que tú y tu pareja sois diferentes, y que tus propias manías pueden resultarle tan difíciles a ella como las suyas a ti. Tienes que asumir que no siempre va a ser como tú quieres, y que eso está bien.

¿Tengo que ser yo el único que cambie?

Lo ideal, por supuesto, es que tanto tú como tu pareja trabajéis para aceptaros y mejorar la relación. Podrías mostrarle este capítulo como punto de partida para motivarse. Pero incluso si solo tú empiezas a comportarte de otra manera, hay muchas probabilidades de que eso ya genere un cambio positivo.

¿Alguna vez te ha pasado que tú y tu pareja estabais a punto de entrar en una discusión pero, en lugar de soltarte un comentario hiriente sobre tus errores o defectos, tu pareja dice algo como: «Perdón, estuve mal, no tendría que haber...»? Si alguna vez lo viviste, seguro que notaste el efecto que eso tiene. No solemos responder a un gesto así con reproches o críticas. Más bien, sentimos el impulso de pedir perdón también.

No es tan raro. La mayoría no queremos vivir en medio de peleas y conflictos constantes. Preferimos estar bien y tratar con cariño a la persona con la que compartimos la vida. Si no, ¿cuál sería el sentido de estar en pareja?

Cuando eres más comprensivo y amable, cuando estás dispuesto a perdonar, muestras que quieres que las cosas funcionen, y lo más probable es que tu pareja también lo quiera. Así que deja el orgullo a un lado y pon el foco en lo que tú puedes hacer para que estéis mejor.

> «La noche de la pelea puede que sientas un pinchazo. Es tu orgullo jodiéndote. Al diablo con el orgullo. El orgullo solo hace daño, nunca ayuda.»
>
> – Marsellus Wallace, *Pulp Fiction*

Insoportable, pero encantadora

No necesitas que te recuerden que tu pareja tiene cosas que no te gustan y que te sacan de quicio. Pero quizá necesites recordar que también tiene cosas buenas, esas que te atrajeron desde el principio. Si de verdad quieres mejorar la relación, no estaría mal tener también eso en cuenta.

Este ejercicio puede ayudarte. Busca papel y lápiz y responde las siguientes preguntas:

¿Cómo os conocisteis?

¿Quién dio el primer paso y cómo fue?

¿Qué fue lo que te atrajo de tu pareja al principio? ¿Qué te pareció más atractivo?

¿Qué aspectos de su personalidad y carácter te gustaban especialmente?

¿Qué cosas disfrutabais hacer juntos al comienzo?

¿De qué os reíais?

Describe un recuerdo especialmente bonito que compartáis.

¿Qué cualidades suyas consideras fortalezas?

¿Qué es lo que más extrañas de cómo eran las cosas al principio?

¿Qué sientes cuando piensas en los primeros tiempos de tu relación? ¿Ves a tu pareja con otros ojos? ¿Se despiertan sentimientos que habían quedado dormidos porque la relación entre vosotros ha estado tensa?

Si surgen pensamientos o emociones positivas, permítete habitarlos por un momento. Si no aparecen sentimientos cálidos, probablemente te resulte difícil. Pero no tiene nada de raro y no deberías culparte por eso. Lo más probable es que los conflictos y los problemas hayan empañado por completo la forma en que os relacionáis y que superarlos requiera un verdadero trabajo.

Dale el gusto

Hay cosas que para tu pareja son importantes, aunque para ti no signifiquen mucho. Tal vez se trate de recoger los juguetes que los niños han dejado tirados, besarse en el sillón, proponer ir a un concierto, traer unas flores, invitar a esa pareja que te parece medio aburrida o ver esa película.

Aprovecha la oportunidad y haz esas cosas de vez en cuando, con generosidad. Quizá tu pareja también se anime a devolverte el gesto. Haz una lista de cosas que podrías hacer, planifica una y ponla en marcha. ¿Quién sabe? Tal vez puedas cerrar el libro ahora mismo y hacer algo ya.

LO QUE VOY A HACER	CUÁNDO LO HARÉ

Una dosis diaria de ternura

Además de esas cosas que sabes que a tu pareja le gustan especialmente, hay gestos que a la mayoría de las personas les hacen bien. Durante la próxima semana, intenta poner en práctica la mayor cantidad posible de los comportamientos que aparecen en la lista de abajo, cada día. Si quieres, anótalos en tu calendario para no olvidarte.

Y si se te cruza por la cabeza algo como «No tiene valor si no nace espontáneamente», ¡madura! Lo que le importa a tu pareja es que tengas un gesto bonito. Todo lo demás es accesorio. He visto muchas veces cómo una pareja puede cambiar su dinámica por completo —para mejor— solo con empezar a incorporar este tipo de muestras cotidianas de afecto y sostenerlas en el tiempo. No subestimes el poder de un poco de ternura de la vieja escuela.

	LUN	MAR	MIÉR	JUE	VIER	SÁB	DOM
¿Has abrazado, besado o mostrado afecto físico?							
¿Le has hecho un cumplido o dirigido una palabra amable?							
¿Has preparado una sorpresa con intención?							
¿Has iniciado una conversación prestando toda tu atención?							
¿Te has ofrecido a ayudar sin que te lo pidieran?							

Discutir mejor

Incluso en las mejores relaciones surgen de vez en cuando conflictos o discusiones. Cuando eso pasa, el tono puede volverse rápidamente acusatorio, lleno de frases tipo: «Tú eres así» o «Tú siempre haces esto». También solemos usar alegremente palabras como *nunca* o *siempre*. Y no es raro que tratemos de respaldar nuestra opinión con una supuesta objetividad: «la mayoría estaría de acuerdo en que...» o «hablé con otras personas que también lo ven así».

Este tipo de lenguaje tiende a hacer escalar la situación y empeora el conflicto o genera un estancamiento mayor. Una forma más constructiva de expresar lo que piensas o hacer una crítica es usar lo que se conoce como «mensajes en primera persona».

Como su nombre indica, los mensajes en primera persona se centran en dejar claro que lo que dices tiene que ver con lo que tú piensas y sientes. Este tipo de enunciado es más fácil de recibir. Y además es verdadero: solo tú puedes decir lo que piensas o sientes.

La forma más simple de construir un mensaje en primera persona es con esta fórmula: Yo + siento X + cuando tú haces Y. El foco aquí está en lo que la otra persona hace, no en cómo es. También puede ser útil sumar un deseo o una propuesta, algo que exprese cómo te gustaría que fueran las cosas en lugar de simplemente señalar lo que te molesta.

Aquí van un par de ejemplos de mensajes centrados en el «tú» reformulados como mensajes en primera persona. ¡Practica y anímate a probarlo!

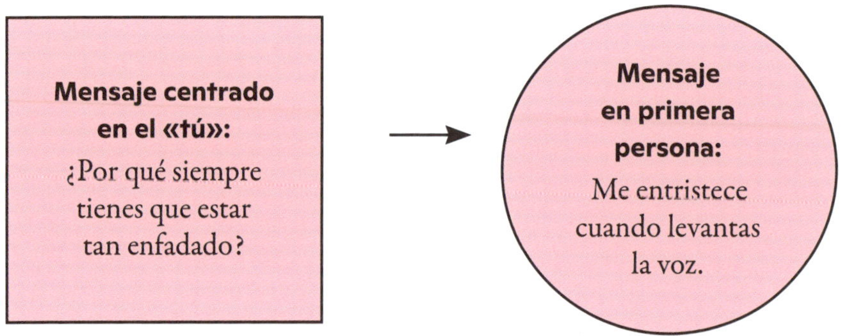

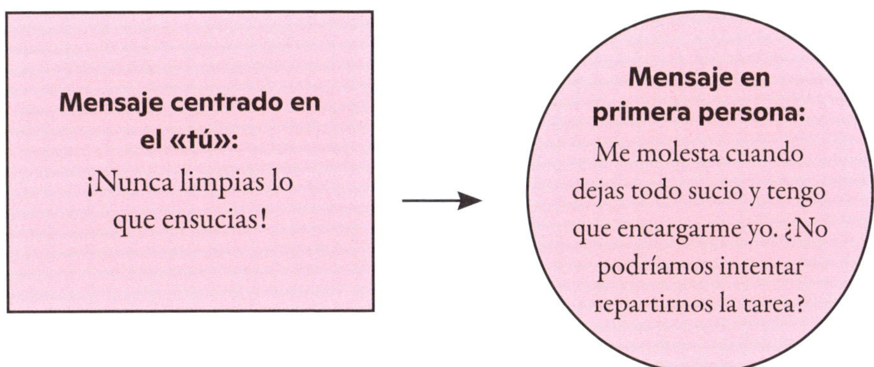

Ten el valor de expresar tu vulnerabilidad, si eso es lo que estás sintiendo. Si estás triste, dilo, en lugar de decir que estás frustrado o molesto: esas palabras no despiertan tanta empatía ni comprensión.

Toma la iniciativa de hablar sobre el otro

El psicólogo estadounidense John Gottman ha dedicado toda su carrera a estudiar las relaciones de pareja y lo que las hace perdurar. Según él, conocer bien a tu pareja es fundamental: es importante que sepas qué le interesa, qué cosas la hacen feliz o la preocupan, y que te mantengas al tanto de lo que está pasando en su vida. La clave para conocer y entender al otro está en hablar, con curiosidad y con regularidad, tanto sobre uno mismo como sobre la relación.

En la página siguiente encontrarás una versión de un ejercicio tomado del libro *Los siete principios para hacer que el matrimonio funcione*, de John Gottman. En esta actividad, tú y tu pareja podéis evaluar cuánto os conocéis. Cada respuesta correcta suma un punto (y tú decides si la respuesta de tu pareja cuenta como válida).

Trata de hacerlo divertido. No pongas los ojos en blanco ni le reproches a tu pareja no saberlo todo sobre ti. Mejor aprovecha la oportunidad para conversar y conoceros mejor.

1	**¿Quiénes son mis dos amigos más cercanos?**	MI RESPUESTA: RESPUESTA DE MI PAREJA:
2	**Nombra uno de mis intereses o hobbies.**	MI RESPUESTA: RESPUESTA DE MI PAREJA:
3	**¿Qué dificultades estoy atravesando en este momento?**	MI RESPUESTA: RESPUESTA DE MI PAREJA:
4	**Describe con detalle qué he hecho hoy.**	MI RESPUESTA: RESPUESTA DE MI PAREJA:
5	**¿Hay alguien en mi familia por quien sienta un cariño especial? ¿Quién?**	MI RESPUESTA: RESPUESTA DE MI PAREJA:
6	**¿Tengo algún sueño secreto que me gustaría cumplir? ¿Cuál?**	MI RESPUESTA: RESPUESTA DE MI PAREJA:
7	**¿Cuál es mi peor pesadilla?**	MI RESPUESTA: RESPUESTA DE MI PAREJA:
8	**¿Qué me hace sentir competente?**	MI RESPUESTA: RESPUESTA DE MI PAREJA:
9	**¿Qué considero sexualmente excitante?**	MI RESPUESTA: RESPUESTA DE MI PAREJA:
10	**¿Cuáles son los regalos que más me gustan?**	MI RESPUESTA: RESPUESTA DE MI PAREJA:
11	**Describe uno de mis recuerdos más felices de la infancia.**	MI RESPUESTA: RESPUESTA DE MI PAREJA:
12	**¿Cuál fue una de mis mejores vacaciones?**	MI RESPUESTA: RESPUESTA DE MI PAREJA:
13	**¿A quién, aparte de ti, recurro con más frecuencia cuando necesito apoyo?**	MI RESPUESTA: RESPUESTA DE MI PAREJA:

14	**¿Cuál es mi película favorita?**	MI RESPUESTA: RESPUESTA DE MI PAREJA:
15	**¿Cómo se llamaba mi mejor amigo/a de la infancia?**	MI RESPUESTA: RESPUESTA DE MI PAREJA:
16	**¿Qué es lo que más miedo me da?**	MI RESPUESTA: RESPUESTA DE MI PAREJA:
17	**¿Hay alguien de mi familia con quien tenga una relación especialmente difícil? ¿Quién?**	MI RESPUESTA: RESPUESTA DE MI PAREJA:
18	**Nombra un libro que realmente me haya gustado.**	MI RESPUESTA: RESPUESTA DE MI PAREJA:
19	**¿Cuál es mi mayor arrepentimiento?**	MI RESPUESTA: RESPUESTA DE MI PAREJA:
20	**¿Cuál es mi peor recuerdo de la infancia?**	MI RESPUESTA: RESPUESTA DE MI PAREJA:
21	**Da un ejemplo de una vez en la que haya hecho el ridículo.**	MI RESPUESTA: RESPUESTA DE MI PAREJA:
22	**Nombra a mi mayor rival o peor enemigo.**	MI RESPUESTA: RESPUESTA DE MI PAREJA:
23	**¿Cuál es mi restaurante favorito?**	MI RESPUESTA: RESPUESTA DE MI PAREJA:
24	**¿Cuál es mi álbum de música favorito?**	MI RESPUESTA: RESPUESTA DE MI PAREJA:
25	**Nombra a dos personas a las que realmente admiro.**	MI RESPUESTA: RESPUESTA DE MI PAREJA:
Total:		

¿Eres infeliz en tu relación?

Solo tienes una vida. Si no eres feliz o no te sientes bien en tu relación, únicamente hay tres opciones:

1. TERMINAR LA RELACIÓN. Es duro y triste cuando una relación se acaba, pero a veces es la decisión correcta. Puedes haberlo intentado durante mucho tiempo sin lograr avances, o quizá las diferencias sean simplemente imposibles de superar.
2. QUEDARTE Y TRABAJAR PARA QUE LAS COSAS MEJOREN. Haz lo posible por aceptar sus diferencias y toma la iniciativa para generar un cambio. Los consejos de este capítulo pueden ser un buen punto de partida. Tal vez también necesitéis ir a terapia de pareja.
3. QUEDARTE Y NO HACER NADA. Es fácil dejar que las cosas sigan su curso, y también es profundamente humano. El cambio puede dar miedo y ser difícil. Pero es muy probable que, si no haces nada, la relación se deteriore más y ambos terminéis siendo cada vez más infelices.

Las tres opciones implican desafíos y momentos difíciles. Elijas el camino que elijas, intenta no ser demasiado duro contigo mismo. Haz lo posible por tratarte con amabilidad y compasión (en el capítulo 7 puedes leer más sobre eso), y también a tu pareja; rara vez te arrepentirás de haber sido amable. ¡Mucha suerte!

03

MIEDO Y ANSIEDAD

TE ECHAS ATRÁS CUANDO ALGO TE DA MIEDO

Cuando nos sentimos en peligro y algo nos asusta, solemos recurrir a la misma estrategia una y otra vez: salir corriendo. Y para mantenernos lejos de esas situaciones todo lo posible, la evolución ideó un mecanismo curioso: la ansiedad.

Ansiedad es el nombre que usamos para un montón de reacciones físicas que, según su intensidad, pueden sentirse como una leve inquietud o como un ataque de pánico en toda regla. Igual que el dolor —que está ahí para avisarnos de que podríamos estar en peligro de muerte—, la ansiedad se experimenta con un malestar evidente. A menudo se la compara con una alarma que suena sin parar: desagradable, sí, pero muy eficaz para que el cerebro nos avise de que estamos a punto de meternos en un buen lío.

La ansiedad forma parte del sistema nervioso simpático y es uno de los componentes centrales de lo que se conoce como la respuesta de lucha o huida, que se activa cuando percibimos un peligro o una amenaza. Es un sistema totalmente fuera de nuestro control consciente y, cuando se pone en marcha, desencadena una serie de reacciones en el cuerpo, entre ellas:

- Se liberan hormonas del estrés en la sangre y sube el nivel de azúcar, para darnos un extra de energía.
- Aumenta el pulso y la respiración se acelera.
- La sangre se dirige a los grandes grupos musculares de brazos y piernas, que pronto van a entrar en acción.
- Empezamos a sudar para enfriar el cuerpo, y también para volvernos más difíciles de agarrar.
- La sangre coagula más rápido, por si llegáramos a lastimarnos.

El cuerpo entra en modo emergencia: se prepara físicamente para correr o luchar por nuestra vida. El sistema es rápido y eficaz, y ha sido clave para la supervivencia de nuestra especie, pero tiene un par de fallos bastante evidentes:

1. No distingue entre realidad y fantasía

Da lo mismo si estamos frente a un peligro real o algo que parece peligroso: el sistema se activa igual y el cuerpo reacciona de la misma manera. En ese sentido, funciona como cualquier alarma de casa: no importa si quien intenta entrar es la mafia o tu pareja, que se ha confundido de código.

2. El sistema no se ha actualizado en cientos de miles de años

La respuesta de lucha o huida solo sirve, en realidad, frente a amenazas físicas. Animales salvajes, bandidos del bosque, ese tipo de cosas. Pero hoy en día, en nuestra sociedad, ese tipo de peligros son más bien raros.

Sin embargo, seguimos teniendo miedo, solo que a otras cosas. A muchísimas otras cosas. Desde pisar una tapa de alcantarilla o subirnos a un ascensor, hasta ir al dentista o estacionar en paralelo en una calle estrecha. Sobre todo, les tememos a las amenazas sociales. Como hacer una pregunta tonta en clase. Decir algo distinto en la charla de café del trabajo. Acercarnos a hablar con esa persona atractiva en el bar. Dar un discurso en la boda de tu amiga. Quejarte por la comida en un restaurante. Pedir un aumento. Quedarnos solos en un rincón en la fiesta. No recibir ni un *like* a una publicación. En todas esas situaciones, correr o luchar no serviría de nada. El sistema es el mismo de siempre, aunque el mundo haya cambiado por completo.

El poder del pensamiento

Por lo tanto, experimentamos el mismo tipo de reacciones físicas, el mismo tipo de ansiedad, independientemente de lo que lo provoque. Y a diferencia de otros animales, que sobre todo responden a lo que pasa a su alrededor, los humanos tenemos tanta imaginación que podemos poner en marcha el sistema con el pensamiento.

Imagina que tienes un limón amarillo, bien maduro. Lo pones sobre la tabla y cortas una rodaja grande, bien jugosa. Ahora imagina que te la llevas a la boca, que le clavas los dientes y muerdes con fuerza. ¿Te pasa algo? Muchas personas que se imaginan esta escena empiezan a salivar, y algunas incluso hacen una mueca. Así de poderoso es el pensamiento sobre el cuerpo.

Imagina que la semana que viene es la boda de un amigo y te ha pedido que des un discurso. Es muy probable que empieces a visualizar la escena: estás de pie frente a ochenta invitados, todos elegantes, mirándote con expectación. Con solo evocar esas imágenes, puede que se te haga un nudo en el pecho, te suba el calor o se te dispare el pulso. Y cuando nos sentimos así, lo más fácil es pensar: «Si con solo imaginarlo ya me da esta ansiedad, ¿cómo voy a estar cuando lo haga de verdad?». Así que mejor no hacerlo.

Al cerebro le encanta cuando dices que no

En el mismo segundo en que decides no dar el discurso, te sientes genial. Quizá con una pizca de decepción, pero igual te invade un gran alivio. Porque cuando sentimos que esquivamos un peligro inminente, la ansiedad baja un poco. Y al cerebro eso le fascina. Lo toma como una señal de que has tomado una decisión inteligente. Y lo graba: lo convierte en estrategia. Así, la próxima vez que aparezca esa amenaza, con todo su ruido y malestar, va a sugerirte lo mismo que hiciste antes. Porque funcionó.

En el momento te dices a ti mismo que no es el mejor contexto, pero que la próxima vez sí lo harás. Solo que pasa justo lo contrario. Cada vez que huyes o evitas la situación, disminuyen las probabilidades de que te animes en el futuro. El miedo va ganando terreno, y decir que no se vuelve cada vez más tentador.

El cerebro puede ser bastante aguafiestas en ese sentido. Tiene una desconfianza automática hacia todo lo que huela a peligro. No le gustan los riesgos. Le encanta que te eches atrás, que te retires a tiempo, que digas que no. Y cuenta con todo un arsenal de botones incómodos para presionar hasta que te rindas y le hagas caso.

Lo hace a menudo y con gusto. Y eso nos lleva a no dar el discurso, a decir que no al cóctel, a posponer la cita con el dentista, a no bailar en la fiesta, a evitar conducir por el centro, a no coquetear con esa persona en el bar, a no

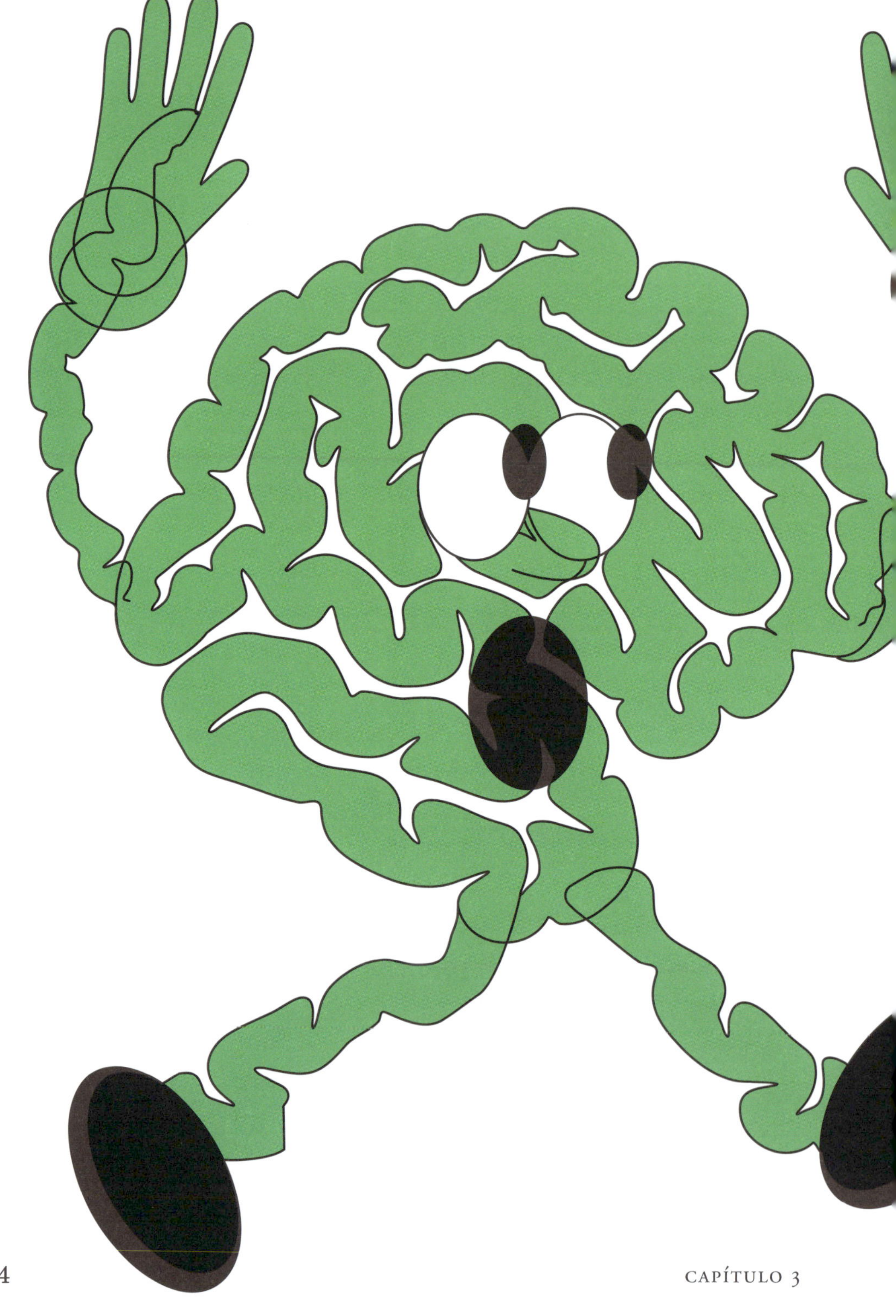

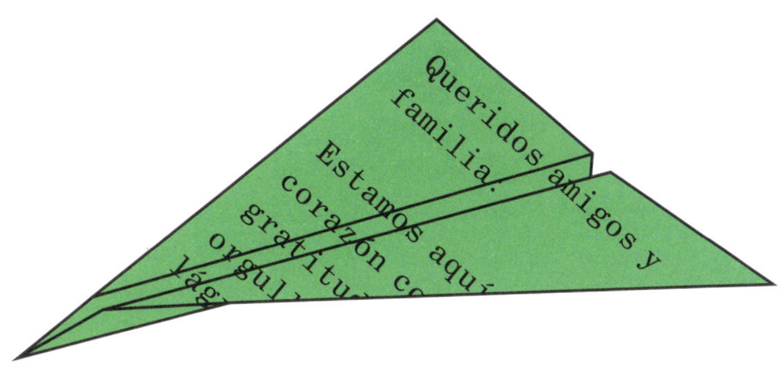

pedir un aumento, a dejar pasar la idea de mudarnos a París, a renunciar a la presentación en el trabajo, a no casarnos, a no divorciarnos, a no probar esa receta difícil, a no ponernos ese sombrero, a no acampar en la playa, a no llamar a ese primo lejano, a no sumarnos al coro, a no encarar esa charla pendiente con tu pareja, a no participar en el karaoke, a no dejarte flequillo, a no contar ese chiste, a no esquiar, a no postularte para ese trabajo, a no tener hijos, a no probar el restaurante árabe, a no pisar el gimnasio, a no besar a tu cita.

Claro que se puede vivir una vida más o menos decente sin hacer ninguna de esas cosas. Pero probablemente te estés perdiendo muchas experiencias increíbles, emocionantes y valiosas. Cosas que, en el fondo, sí quieres.

Dejarse llevar todo el tiempo por el miedo nos hace sentir restringidos y limitados. Como si no pudiéramos vivir a tope, como si no nos dejaran ser quienes somos. La vida se encoge.

Esa sensación puede llevarnos a rumiar, a criticarnos sin tregua, a caer en el desánimo. Y una pregunta queda rondando en el fondo: ¿qué habría pasado si lo hubiera hecho distinto? ¿Y si hubiera hecho lo contrario?

HAZ LO CONTRARIO: DA UN PASO HACIA LO QUE TEMES

Cuanto más huyes y evitas eso que te da miedo, aquí y ahora, más ansiedad y miedo tendrás con el tiempo. Así es exactamente como se construyen las fobias. Al principio sentimos un poco de miedo, quizá por alguna experiencia pasada que fue algo incómoda. Entonces empezamos a esquivar lo que nos asusta. Sienta bien, así que lo evitamos cada vez más. Y como dejamos de enfrentarlo, la realidad es reemplazada por fantasías: el miedo crece en la cabeza, sin nada que lo contradiga ni lo ponga en perspectiva.

Para reducir el miedo y la ansiedad a futuro, tienes que empezar a hacer lo contrario. En vez de retroceder, hay que avanzar: acercarte a eso que te asusta. Sí, va a dar miedo. Va a ser incómodo. Pero también puede abrirte la puerta a una vida más libre y con menos miedo. En el fondo, la elección es simple:

☐ Comodidad ahora, y una vida difícil.
☐ Incomodidad ahora, y una vida más vivible.

Terrible, pero totalmente inofensiva

Aunque enfrentarse al miedo y atravesar la ansiedad puede ser desafiante y agotador, conviene subrayarlo: no es peligroso. Esa es justamente la cuestión con la ansiedad. Aunque es desagradable —incluso insoportable por momentos—, no puede hacerte daño.

> «La ansiedad es una experiencia desagradable de un peligro indefinido. La sensación de que "algo" toca los cimientos de tu seguridad, de tu existencia misma.»
> – Ingmar Bergman

La palabra *ansiedad* está rodeada de misterio, pero en el fondo se trata de algo bastante básico: el corazón se acelera, el cuerpo tiembla, se tensa, se siente una presión. Y nada más. No te vas a morir de ansiedad. No puede dañar ni tu cerebro ni tu cuerpo. No puedes desmayarte por eso (salvo que tengas fobia a la sangre o a las agujas, en cuyo caso la presión puede bajar en vez de subir). No vas a perder la razón ni volverte loco. Es algo transitorio y completamente inofensivo. Este dato, por sí solo, no va a ayudarte a superar el miedo —la lógica rara vez puede contra una emoción fuerte—, pero no está de más recordarlo.

Hora de poner al miedo bajo la lupa

Cuando sentimos miedo frente a algo que, objetivamente, no representa ningún peligro, solemos tener ideas poco realistas sobre eso que nos asusta. Creemos que es mucho más peligroso o arriesgado de lo que realmente es. Quien teme a los perros, por ejemplo, suele creer que muerden todo el tiempo. Y quien teme hablar en público a menudo cree que va a desmayarse o a perder el control por completo.

Solo cuando tienes la oportunidad de contrastar tus pensamientos con la realidad puedes generar nuevas experiencias y empezar a ver las cosas de forma más realista. Únicamente así dejas de tener miedo, y el cuerpo deja de acelerarse. Si dejas de huir y evitar eso que te asusta, y te acercas, vas a descubrir al menos dos cosas:

1. Las cosas suelen salir mucho mejor de lo que imaginas. La ansiedad tiende a nublar nuestra visión y a hacernos creer que todo va a salir fatal, que el desastre es inminente. Eso nos vuelve especialmente cautelosos y hace que prioricemos la seguridad por encima de todo. Y puede que, evolutivamente, eso haya tenido sentido: si ves un oso en el bosque, no es momento de arriesgarse, hay que salir corriendo. Pero nadie te va a destrozar por hacer una presentación mediocre en el trabajo, por no ser el que mejor baila en la fiesta o por mostrarte en bañador con ese tono blanco invernal. Y eso nos lleva al segundo punto.

2. Y si no sale perfecto, o ni siquiera bien, ¿realmente importa tanto? ¿Alguien se va a acordar de ese discurso medio flojo en la boda dentro de diez años? ¿O siquiera mañana? ¿Van a reírse tus compañeros porque cantaste desafinado en el karaoke? Y si lo hacen, ¿es el fin del mundo? ¿Sería una tragedia que tu jefe te diga que no puede darte un aumento justo cuando por fin te animaste a pedirlo? Y si tu pareja se molesta cuando saques ese tema incómodo, ¿no se le va a pasar? En resumen: incluso cuando algo sale mal, casi nunca es tan terrible como lo imaginas.

Pon a prueba lo que pasa en la realidad

Un primer paso para empezar a soltarte y hacer lo contrario es planteártelo como un experimento. Quieres comprobar si lo que piensas realmente tiene sentido. Empieza por responder estas preguntas por escrito:

Antes del experimento:

1. ¿Qué es eso que me da miedo y suelo evitar?
   Ejemplo: Hablar en público.
2. ¿Qué es lo que temo que ocurra si me expongo a eso?
   Ejemplo: Olvidar lo que iba a decir, ponerme rojo y empezar a tartamudear, y que los demás se den cuenta de lo nervioso que estoy.
3. ¿Hasta qué punto estoy seguro de que eso va a pasar? (Del 0 al 100%)
   Ejemplo: 80%.
4. ¿Cómo podría poner a prueba lo que pasa en la realidad?
   Ejemplo: Hacer una pregunta en la reunión del lunes; por ejemplo: ¿cuándo llegará la nueva cafetera?

Después del experimento:

1. ¿Qué pasó cuando puse a prueba esta táctica?
   Ejemplo: Hice la pregunta. La voz me tembló un poco y me trabé en una parte. Una compañera me dijo que ella también se había preguntado sobre la cafetera.

2. ¿Qué conclusiones puedo sacar?
   Ejemplo: No salió perfecto, pero tampoco fue una catástrofe. Es probable que mi miedo esté exagerado.
3. ¿Hasta qué punto creo ahora que eso que temía volverá a pasar la próxima vez? (0-100%)
   Ejemplo: 40%
4. ¿Cómo puedo hacer una nueva prueba para seguir explorando?
   Ejemplo: Dar un breve discurso de bienvenida en la cena del sábado.

Este tipo de pruebas suelen ser reveladoras. Lo más común es que descubras que el miedo era exagerado y que la catástrofe nunca llegó. Y si alguna vez las cosas salen mal —y eso que temías realmente ocurre—, al menos estarás practicando cómo manejar la situación. Y eso, en sí mismo, ya le quita poder a lo que da miedo.

Si tienes más pensamientos catastróficos asociados a distintas situaciones, anótalos y sal a ponerlos a prueba.

Acércate todavía más

Cuanto más nos acercamos a eso que nos asusta, más sube la ansiedad. Y eso nos lleva a pensar que, si no retrocedemos, el malestar va a seguir creciendo hasta volverse insoportable. Así que damos media vuelta, nos retiramos, nos escondemos, lo dejamos pasar. Como era de esperar, el malestar en el cuerpo empieza a disminuir.

Pero ¿qué pasa si en vez de escapar nos quedamos ahí? Sorpresa: ¡la ansiedad también baja! Si la catástrofe no ocurre (como suele pasar), al cabo de un rato el cerebro llega a la conclusión de que no hace falta ni correr ni luchar. El cuerpo no quiere gastar energía en estar en alerta sin motivo, así que, una vez que el sistema detecta que el peligro pasó, todo empieza gradualmente a calmarse de nuevo.

Cuando vas en contra del impulso de huir y miras al miedo directamente a los ojos, le das al cerebro y al cuerpo la oportunidad de sacar conclusiones nuevas, más realistas. Esa es, en el fondo, la base de casi todos los tratamientos eficaces contra la ansiedad. Se puede dar mil vueltas al tema en teoría. Especular sobre por qué empezó el miedo puede ser interesante, incluso útil. Pero ¿eso hace que el miedo disminuya? No.

Si de verdad quieres un cambio, al final vas a tener que estar ahí, con tu propio cuerpo, enfrentando eso que te da miedo. Si te asustan los puentes, tendrás que cruzar puentes. Si te da miedo hablar en público, tendrás que dar una charla. Si temes a la oscuridad, tendrás que apagar la luz. Si te aterran los conflictos, tendrás que encarar la discusión.

Top diez del miedo: ansiedad

Acercarte a lo que te asusta es incómodo. Para que no se vuelva abrumador, conviene hacerlo por etapas. Empiezas con algo que te resulte desafiante, pero que puedas manejar, y vas avanzando poco a poco, paso a paso, de forma controlada.

Haz una lista con aquello que te da miedo o te genera ansiedad. Ordénala de lo más aterrador a lo más llevadero. Desde lo que te paraliza, pasando por lo que te incomoda bastante, hasta lo que puedes tolerar. Para tener una mejor idea del panorama, puedes asignarle a cada cosa un puntaje del 0 al 100: donde 0 es «ninguna ansiedad» y 100 es «lo peor que puedas imaginar».

> «Todo lo que siempre has querido está al otro lado del miedo.»
> — George Addair

Para alguien con ansiedad social, tendría este aspecto:

Dar un discurso en la boda de mi mejor amigo	100
Hacer una presentación en el trabajo	90
Hablar frente a clientes en una reunión laboral	75
Quejarme por algo que compré en una tienda	60
Asistir a un cóctel o evento social	50
Tocar el timbre del vecino para pedirle algo prestado	45
Conversar con colegas en la oficina	40
Subir una *selfie*	30
Preguntarle el camino a un desconocido	10
Hablar con la cajera en el supermercado	5

Para alguien que tiene miedo a la oscuridad, la lista podría ser esta:

Acampar solo en el bosque durante la noche	100
Salir a caminar solo por la noche	80
Dormir solo en una casa de campo	70
Dormir con la luz apagada en casa	40
Salir a tirar la basura por la noche	30
Encerrarme en el baño y apagar la luz	10

Mi lista:

Situación	Nivel de ansiedad

Una vez que tengas tu lista, solo queda ponerse manos a la obra. Comienza por abajo e intenta avanzar paso a paso hacia arriba. Cuanto más seguido —y durante más tiempo— te expongas a las situaciones que te asustan, más rápido vas a progresar.

¡No hagas trampa!

Cuando estamos por hacer algo que nos da miedo, es muy tentador recurrir a trucos para que sea más llevadero. Si tienes que dar un discurso, puede que quieras escribir cada palabra y aprendértelo de memoria. Si te sientes fuera de lugar en una fiesta, es probable que termines en un rincón mirando el teléfono móvil. Y si te da miedo usar el ascensor, tal vez esperes a que llegue alguien para no tener que subir solo.

Estos recursos nos pueden dar alivio en el momento, pero son engañosos por varias razones. La principal es que nos impiden enfrentarnos de lleno a lo que nos da miedo, que es justamente el objetivo. Además, es fácil que termines pensando: «Sí, salió bien, pero solo porque hice tal o cual cosa». Y así no llegas a tener una imagen real de lo que en verdad puedes afrontar.

Y al final, esos truquitos pueden convertirse en obstáculos que te ponen palos en las ruedas. Dar un discurso completamente memorizado puede sonar rígido y artificial. Quedarte en un rincón mirando el teléfono es una señal bastante clara de que no quieres conectar con nadie y es posible que te quedes justo tan solo como temías. Lo complicado es que estos recursos se cuelan sin que los notemos. Puede ser cualquier cosa: llevar siempre una botella de agua encima, usar una camisa oscura para que no se note si sudas, sentarte lo más lejos posible de los demás o repetir frases tranquilizadoras en tu cabeza una y otra vez.

Intenta hacerte estas preguntas:

- ¿Qué es lo peor que podría pasar si me expongo a eso que me da miedo?
- ¿Estoy haciendo algo para evitar que eso ocurra?
- ¿Estoy haciendo algo para asegurarme de antemano de que todo salga bien?

Si detectas alguno de esos trucos, déjalos. Solo te estás poniendo la zancadilla a ti mismo. ¡Nada de hacer trampa!

Enfócate en hacerlo, no en cómo te sientes

Cuando te acercas y permaneces frente a eso que te da miedo, la ansiedad suele disminuir con el tiempo. Pero esa disminución no es ni por asomo tan rápida ni tan marcada como cuando evitas o escapas de la situación. Puede pasar un buen rato antes de que notes alguna diferencia concreta, y a veces puede que no notes ninguna.

Pero eso no es lo esencial. Lo que realmente cuenta es que te mantengas ahí y hagas lo que tienes que hacer, sin evitarlo, sin huir, sin hacer trampa. Eso es lo que, con el tiempo, va a ayudarte a sentir menos ansiedad, eso que hoy te asusta te empezará a dar menos miedo poco a poco.

Evaluar lo que hiciste solo en función de cómo te sentiste puede ser muy engañoso. «Bueno, sí, acaricié al rottweiler del vecino, pero no me sentí nada bien.» Claro que no te sentiste bien: hiciste algo que te asusta, que llevas tiempo evitando. De hecho, que te haya parecido una locura total y algo completamente fuera de lugar puede ser una señal de que estás dando pasos importantes. Lo hiciste. Eso es lo que cuenta.

Pon el foco en hacer lo que está en tu lista, sin importar cómo te sientas en el momento. Eso es lo que, con el tiempo, va a marcar la diferencia.

Pero ¿de verdad es seguro?

¿Hay riesgos en desafiar el miedo y hacer cosas que parecen peligrosas? ¡Claro! Tu pareja puede molestarse, tus colegas pueden burlarse. Puedes ser rechazado, ignorado o llevarte una decepción. Los perros pueden morder y, sí, los aviones pueden llegar a caerse. Como todo en la vida, no hay garantías absolutas.

Pero vivir evitando todo riesgo no es vivir de verdad. Y dejar que el miedo te impida construir la vida que deseas también tiene un coste, y uno alto: el de pasar por la vida sin llegar a sentirte realmente feliz.

04

ESTRÉS

TE EXIGES TODAVÍA MÁS

Cuando se les pregunta a personas que están por morir qué habrían hecho distinto en su vida, el 83% responden que les habría gustado revisar el correo electrónico más seguido. Y el 76% dicen que ojalá hubieran pasado más tiempo en entornos de Microsoft Office. No, mentira. Acabo de inventar eso. Lo que suelen decir, en realidad, es que les habría gustado pasar más tiempo con su familia y sus amigos, trabajar menos, dejar de vivir según las expectativas ajenas y haberse permitido disfrutar más y ser más felices.

En términos cotidianos, eso significaría —para la mayoría— dedicar más tiempo a cosas como tomar una cerveza con amigos, jugar al tenis, visitar a la abuela, comer helado, ir a exposiciones, hacer un asado en familia, viajar, escuchar música, leer, salir a buscar hongos, jugar a la Nintendo. Y también dedicar menos tiempo a quedarse trabajando hasta tarde, contestar *mails*, redactar informes, reportar el tiempo trabajado o asistir a reuniones eternas a la hora del almuerzo.

Somos muchos los que tenemos el foco puesto de manera desproporcionada en el trabajo y el rendimiento, y dejamos de lado todo lo que tiene que ver con el descanso y el disfrute. Y eso es un error por donde se mire: nos perdemos gran parte de lo que hace que la vida valga la pena. Además, puede llevarnos a problemas de estrés y agotamiento. Y lo más irónico: también puede hacer que rindamos peor, justo lo que queríamos evitar desde el principio.

Un poco de estrés no le ha hecho mal a nadie

Se suele criticar mucho al estrés. Pero rara vez se habla de lo importante que es, en realidad. Porque el estrés en sí mismo no es algo malo ni antinatural. Todo lo contrario. El estrés es la forma que tiene el cuerpo de darnos un empujón extra de energía y concentración cuando enfrentamos un desafío. Y una vida sin desafíos —y sin estrés— probablemente sería bastante sosa y aburrida.

El estrés moderado y de corta duración nos mantiene alerta, mejora nuestro rendimiento e incluso puede fortalecer la memoria. Nada mal, ¿no? Pero si estamos estresados todo el tiempo y nunca logramos desconectarnos, entonces ese estrés empieza a desgastarnos.

Todo se desgasta

Todo en el cuerpo se desgasta y se agota si lo hacemos trabajar demasiado y de forma repetitiva. Si caminamos mucho, nos duelen los pies. Si miramos una pantalla durante horas, se nos cansan los ojos. Si gritamos demasiado, nos quedamos afónicos. El sistema del estrés no es la excepción: si lo forzamos a funcionar sin pausa durante mucho tiempo, llega un punto en que no da más. Y así como los pies, los ojos o la voz necesitan descanso, el cuerpo y el cerebro también necesitan una pausa del estrés.

Un círculo vicioso (sí, otra vez)

No hace falta tener un título en psicología para entender que vivir estresados constantemente no es bueno. Necesitamos momentos de descanso entre tanta exigencia. Y, sin embargo, muchas veces no los tenemos. ¿Por qué?

Una de las trampas del estrés es que puede llevarnos a estresarnos aún más. A veces entramos en etapas especialmente intensas y exigentes. El estrés se acumula y avanza sin darnos respiro. Empezamos a sentir más ansiedad, irritación, inquietud, una presión en el pecho. Y para no lidiar con todo ese malestar, apretamos aún más el acelerador y nos exigimos todavía más. Corremos para no perder el bus. Cancelamos el entrenamiento. Le decimos que no a ese plan con amigos. Y terminamos la maldita presentación bien entrada la noche.

Ese esfuerzo extra muchas veces funciona. Nos ayuda a llegar a la meta y nos da una sensación de control. Y con eso, el estrés afloja un poco, al menos por un rato. La mente piensa: «¡Genial! Esto funciona». Y así, sin darnos cuenta, damos los primeros pasos hacia una vida en la que nos exigimos cada vez más.

Si seguimos enfrentando el estrés y las exigencias como si estuviéramos apagando fuego con más fuego, tarde o temprano nos va a pasar factura. Al cabo de unos meses o años, podríamos encontrarnos atrapados en una espiral de estrés crónico. No solo se vuelve una forma de vida miserable: también afecta el sueño, el estado de ánimo, las relaciones, la concentración y la memoria. Puede provocar dolores de cabeza, molestias estomacales... y, en los peores casos, agotamiento total y baja médica. No suena muy tentador, ¿no? Entonces, haz lo contrario.

HAZ LO CONTRARIO: HORNEA UN BIZCOCHO

Hay algo que nos ayuda a relajarnos, reduce el riesgo de que el estrés alcance niveles dañinos y, además, mejora nuestro rendimiento a largo plazo. Sí: el descanso. Ya sé, no suena muy emocionante. Y además es un poco difuso. ¿Qué significa exactamente descansar?

Para muchos, la palabra evoca algo pasivo: tirarse a no hacer nada en absoluto. Y claro, también puede ser eso. Aflojar sin ninguna clase de exigencia es algo que todos necesitamos de vez en cuando.

Lo importante es que puedas recuperarte de lo que te generó estrés o cansancio en primer lugar. Y eso no tiene por qué significar tirarte bajo una manta a escuchar arpas celtas, aunque suena tentador, sino hacer algo distinto que active otra parte del cerebro.

Para alguien que estuvo todo el día en reuniones, una sesión intensa en el gimnasio puede ser una forma de descanso. En cambio, si trabajas como instructor de *crossfit*, probablemente necesites otra cosa, como leer un libro, por ejemplo. Si pasas el día entero frente a una pantalla, lo más probable es que no necesites cuatro horas más de Netflix. Tal vez te venga mejor meter las manos en la tierra. Mientras que quien trabaja como jardinero, lo que necesita es otra cosa: echarse a ver un *reality* bien tonto. En el fondo, se trata de cambiar de actividad. Darle un respiro al cuerpo y a la mente de lo que nos estresa, para poder bajar las revoluciones y recargar energías.

La solución para lidiar con el estrés del trabajo no es seguir echándole más leña al fuego. El desgaste viene de la repetición constante. Y como siempre aparecen nuevos problemas, esa estrategia nunca alcanza. Pero tampoco se trata de desconectarse del mundo y quedarse mirando fijamente la pared.

No, al contrario: la solución es esta: hornea un bizcocho. O juega al ping-pong. O date un masaje. O sal a caminar por el bosque. O ve a una *rave* en medio del bosque. O pinta soldaditos de plomo. O canta en un coro. O acuéstate con alguien. Lo que sea que a *ti* te dé un respiro del estrés y te haga sentir alegría, te estimule y relaje.

El descanso puede tomar muchas formas, según cómo seas y de qué tipo de estrés necesites recuperarte. Pero hay algunas cosas que vale la pena tener en cuenta.

¡Asegúrate de divertirte!

Cuando lidiamos con el estrés, puede parecer que el único problema es el exceso de trabajo y presión. Pero hay otro igual de importante: ¡muy poca diversión! Cuando las exigencias nos abruman, es fácil caer en la trampa de dedicarnos solo a lo que *tenemos* y *debemos* hacer. Lo placentero, lo que disfrutamos, se va dejando de lado y queda para «más adelante». Ver a los amigos, ir a un concierto, pescar con mosca, tener una cita, andar en kart, jugar con los hijos, ir a una cata de vinos, esquiar, almorzar con el abuelo, ir al teatro, salir de paseo, todo se posterga. Y al cabo de un tiempo, la vida se vuelve una sucesión de obligaciones, sin lugar para lo que realmente nos da alegría.

Cuando perdemos el contacto con lo que nos divierte, también perdemos fuentes de alegría y energía. Y ahí es cuando podemos empezar a sentirnos apagados, tristes o con la cabeza llena de preocupaciones. Además, en nuestra sociedad muchos trabajos se hacen con la mente, esa que, para bien o para mal, llevamos a todas partes. Así que, aunque cerremos el portátil o salgamos de la oficina, no siempre es fácil dejar atrás las preocupaciones, el estrés o los pensamientos ligados al trabajo.

Hacer cosas divertidas es un gran remedio. Lo que nos divierte nos involucra, nos trae al presente, nos ayuda a soltar esos pensamientos repetitivos y nos da perspectiva para ver el lado luminoso de la vida. Por eso, intenta elegir actividades que te resulten divertidas y reparadoras *a ti*. Y si te falta inspiración, déjate guiar por estas sabias palabras de una inesperada filósofa contemporánea:

> «Mi mamá solía decirme: "¡No puedes divertirte todo el tiempo!". Y yo le respondía: "¿Y por qué no? ¡Joder! ¿Por qué no puedo divertirme todo el tiempo?".»
>
> – Kate Moss

Descansa como los franceses beben vino

No esperes a las vacaciones o a tener varios días libres para darte un respiro. Tomarte cinco semanas de descanso en verano está muy bien, claro, pero también necesitas pausas frecuentes para manejar el estrés del día a día. Mejor descansar en pequeñas dosis y con regularidad. Como hacen los franceses con el vino.

Microdosis diarias

Cambiar de actividad al terminar la jornada o después de un esfuerzo intenso es importante. Pero la investigación muestra que las micropausas durante el trabajo funcionan sorprendentemente bien, tanto para reducir el estrés como para rendir mejor.

Tómate descansos breves: diez minutos un par de veces por la mañana y otro par por la tarde. El objetivo es desconectarte de lo que estás haciendo y pasar a otra cosa. Sal a dar una vuelta, hojea una revista, toma un café o llama a un amigo.

Una vez más, lo importante es activar otros recursos. Si pasas todo el día trabajando frente a la computadora, lo más probable es que hacer *zapping* digital no sea el mejor remedio. Pero si pasas el día entero en reuniones, tal vez eso sea justo lo que necesitas.

Lo que relaja a unos, estresa a otros

Lo que para una persona es descanso, para otra puede ser una fuente de estrés. A mucha gente le encanta ir a la sauna; a mí me da ansiedad existencial. Así que enfócate en lo que *tú* creas que te viene bien. Dicho esto, aquí van algunas cosas que, según la ciencia, resultan útiles para muchas personas.

Muévete

El ejercicio físico tiene muchísimos beneficios, y también ayuda a manejar el estrés. Las personas que están en buena forma y tienen buen estado físico parecen recuperarse más rápido de los efectos negativos del estrés.

Amistades

Estar con personas que queremos y que nos quieren tiene muchísimos beneficios. Nos ayuda a ver las cosas con más claridad, nos da ese apoyo y ese aliento que a veces no podemos darnos a nosotros mismos, y además nos permite desconectar un poco de tanto ruido mental.

Naturaleza y espacios verdes

Cada vez hay más estudios que muestran lo beneficioso que es estar en contacto con la naturaleza y el verde. Incluso dosis mínimas, como mirar un bosque desde lejos o escuchar el sonido del agua y los pájaros, parecen tener un efecto positivo. ¿Por qué? No está del todo claro. Algunos dicen que es por el descanso que ofrece frente al ruido y el ajetreo. Otros, que simplemente nos hace bien estar en entornos parecidos a aquellos en los que alguna vez evolucionamos como especie. Sea cual sea la razón, muchas personas lo encuentran reparador. ¡Pruébalo!

Música

La música parece ayudar a muchas personas a sentirse mejor, y varios estudios señalan que puede generar sensaciones de relajación en momentos de estrés.

Contacto físico

El contacto y la cercanía corporal nos hacen bien. Hay estudios que muestran que pueden reducir los niveles de cortisol, la hormona del estrés. Así que no escatimes en abrazos.

Comportamientos típicos bajo estrés

Cuando el estrés se nos mete en el cuerpo, tiende a filtrarse en los pequeños gestos del día a día. Y sin darnos cuenta, empezamos a actuar como personas estresadas: corremos por la escalera mecánica, cruzamos en rojo con la bici, revisamos el móvil cada cinco minutos, almorzamos con una chocolatina y les gritamos a los niños porque no se ponen el abrigo.

Muchas veces intentamos hacer varias cosas al mismo tiempo: leemos el correo mientras caminamos, atendemos una llamada de trabajo mientras cocinamos, nos maquillamos mientras conducimos. Eso puede dar una sensación falsa de alivio, pero en realidad suele empeorar las cosas. Por eso es importante que te entrenes para reemplazar esos comportamientos estresados por otros más tranquilos. Al principio puede parecer incómodo, e incluso estresarte más, pero funciona. Ayuda a calmarnos. Haz la prueba así:

1. Empieza por prestar atención a tus comportamientos típicos cuando estás estresado	**2. Haz lo contrario: pon en práctica un comportamiento tranquilo**
Comportamientos estresados	**Comportamientos tranquilos**
Cruzar con el semáforo en rojo	Esperar la luz verde
Correr hacia la fila más corta del súper	Elegir la fila más larga
Gritarle a tu hijo cuando se pone difícil	Abrazar a tu hijo cuando se pone difícil
Devorar la comida	Masticar cada bocado 20 veces
Conducir 10 km por encima del límite	Conducir 10 km por debajo del límite
Leer el correo electrónico en el baño	Dejar el móvil fuera del baño

Pero ¿de verdad es tan importante?

Muchas veces dejamos de hacer lo que nos gusta o relaja simplemente porque no parece urgente. La presentación del trimestre es urgente. El correo electrónico del colega es urgente. Pero leer una novela policial, salir a remar o hacer mermelada, eso nunca parece urgente. Eso, nos decimos a nosotros mismos, lo podemos dejar para el fin de semana o las vacaciones de verano.

Lamentablemente, los seres humanos tenemos una inclinación especial hacia lo urgente. Algunos estudios hablan del efecto de la «mera urgencia»: cuando algo se percibe —o se presenta— como urgente, tendemos a darle prioridad, incluso si en realidad no es importante.

Este ejercicio puede ayudarte a poner las cosas en perspectiva. Al final del día o de la semana laboral, toma un bolígrafo rojo y uno verde, y siéntate con la tabla que aparece más abajo.

1. Con el bolígrafo rojo, escribe todo lo que hiciste durante el día o la semana —tanto cosas del trabajo como personales— y colócalas en la casilla que creas que corresponde. Es fácil asumir que todo lo que hiciste fue importante, pero sé crítico. ¿Cuáles de esas reuniones fueron realmente necesarias? Ese correo al que respondiste por la tarde, marcado como urgente por quien lo envió, ¿era importante para *ti*, o solo para la persona que lo mandó?
2. Luego, toma el bolígrafo verde y escribe lo que habías planeado hacer —o te habría gustado hacer— pero que no hiciste. Tal vez cosas como hacer ejercicio, llamar a tu madre, trasplantar esa planta o ver a tu amigo.

	Urgente	No urgente
Importante		
No importante		

Probablemente no te sorprenda que mucho de lo que hacemos termina en alguna de las casillas de lo urgente. Y que la mayoría de las cosas que nos habría gustado hacer, pero a las que no llegamos, caen en la casilla de lo importante, pero no urgente. Si te sucede, ¿hay algo que podrías replantearte?

«Tengo dos tipos de problemas: los urgentes y los importantes. Los urgentes no son importantes, y los importantes nunca son urgentes.»
– Dwight D. Eisenhower

Lo importante y urgente, por supuesto, suele ser lo que hay que priorizar, y en general se impone solo. Pero lo que es urgente pero no importante, ¿de verdad es algo que *tienes* que hacer? ¿Tienes que estar en esa reunión? ¿Esa tarea que te quieren pasar, no podría hacerla otra persona? ¿No puedes negociar un poco ese plazo de entrega? ¿Y tiene sentido hablar de esa dichosa presentación con la ensalada en la boca, o sería mejor que la reunión no cayera justo a la hora del almuerzo? Quizá podrías liberar un poco de espacio para lo que sí es importante, aunque no sea urgente: quedar con tu madre, ir a tu clase de *spinning* o escuchar ese pódcast que tienes pendiente.

Y si aun así hoy te cuesta encontrar el momento, reserva tiempo en los próximos días para que esas cosas importantes *sí* sucedan. Dales prioridad en tu agenda. Trátalas como lo que son: cosas que *tienen* que hacerse.

Y por último, está eso que no es ni importante ni urgente. Solo tú puedes decidir qué entra en esa categoría. Para muchas personas, puede ser pasarse horas en Instagram haciendo *scrolling*, leer un libro o ver una serie que en realidad no te gustan, o mantener una amistad que no te aporta nada. La vida, al fin y al cabo, es bastante corta. ¿No será momento de dejar todo eso de lado?

¿Sientes que estás hasta el cuello?

A veces me encuentro con personas que tienen tanto trabajo que no les queda margen ni para un respiro. Apenas terminan una tarea, ya tienen quince más encima. Si te ocurre algo parecido, probablemente sea momento de hacer un cambio. Tal vez hablar con tu jefe, reducir tus horas de trabajo o incluso buscar otro empleo. Incorporar más momentos de descanso en tu vida puede marcar una gran diferencia.

Tomarte un respiro cuando llevas demasiado tiempo empujando en una sola dirección puede ayudarte a ganar perspectiva y a ver las cosas de otro modo. Si te das permiso para descansar, es mucho más probable que encuentres formas de mejorar tu situación.

¡Pero si me encanta mi trabajo!

¡Enhorabuena! Hay mucha gente que encuentra placer y sentido en lo que hace. Aun así, nadie puede trabajar sin parar. Si crees que tu trabajo es lo más divertido del mundo, entonces simplemente vas a tener que tomarte un descanso y hacer algo menos emocionante por un rato. Así vas a poder seguir disfrutando de tu actividad favorita por mucho más tiempo.

El estrés suele traer otros problemas

El estrés constante muchas veces termina generando otros malestares.

¿Te cuesta dormir? Lee el capítulo 6. ¿Sientes desánimo? Capítulo 1. ¿Tienes problemas en tu relación de pareja? Capítulo 2. ¿Luchas con la ansiedad o con pensamientos que no paran de dar vueltas? Capítulo 5. ¿Te da miedo enfrentar a tu jefe? Capítulo 3.

El estrés de relajarse

Relájate más y diviértete. Toma pequeñas pausas durante el día. Deja de correr y haz cosas tranquilas. Pon el foco en lo importante. Fácil, ¿verdad?

Lo paradójico es que, justo cuando más necesitamos descansar, es cuando más difícil nos resulta hacerlo. Puede ser muy estresante dejar de lado ese informe pendiente para irte a jugar un partido de fútbol. O resistir el impulso de correr al autobús cuando vas tarde a una reunión. Cuando haces lo contrario, es más que probable que te sientas aún más estresado. Pero no tomes eso como una señal de que deberías rendirte. Todo lo contrario: es una señal de que necesitas hacer un cambio.

05

RUMIAR Y PREOCUPARSE

ESTÁS EN GUERRA CON TU MENTE

1. ¡Elige un animal!

2. ¡Elige un color!

3. ¡Piensa en otra cosa!

Ahora tienes en mente un animal de un color particular, como una cacatúa rosa o un castor amarillo. Toma un lápiz y tu móvil, y pon el temporizador en 1 minuto. Mientras el reloj corre, tu tarea es *no pensar en ese animal*. Puedes pensar en lo que quieras, excepto en eso. Haz una marca en el libro cada vez que falles. (En un momento entenderás por qué.)

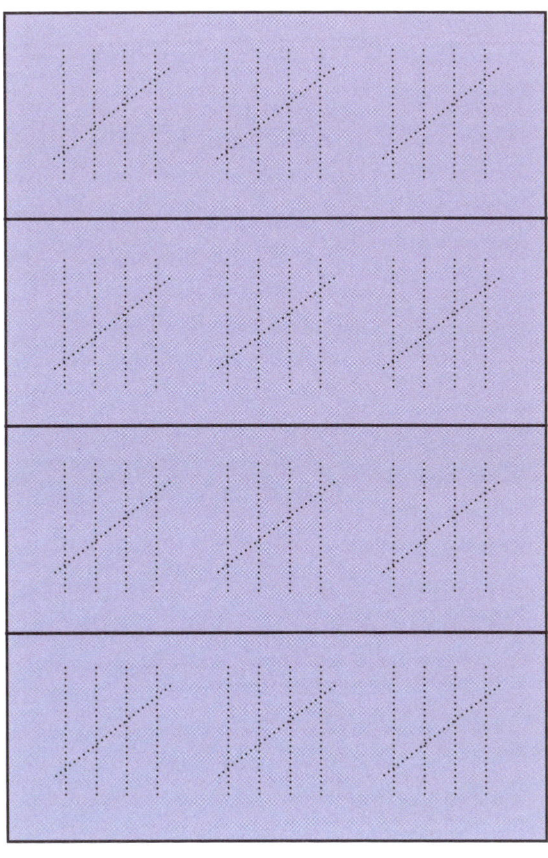

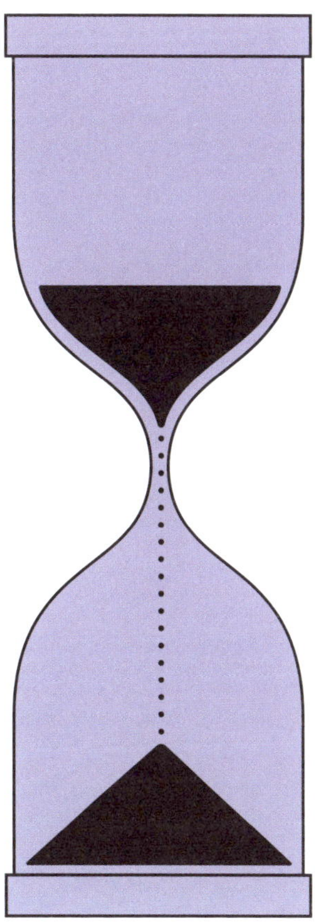

Algunos investigadores han intentado contar cuántos pensamientos tenemos al día. Hay quienes dicen que llegamos a tener hasta 70.000. Muchos giran en torno a cosas que ya pasaron o que podrían pasar. ¡Un estudio de Harvard reveló que solo alrededor de la mitad de nuestros pensamientos están relacionados con lo que está pasando aquí y ahora! Y es una pena, porque también descubrieron que, en general, nos sentimos peor cuando el cerebro se dedica a hacer viajes mentales en el tiempo. Según el estudio, pensar cosas bonitas y positivas, ya sea sobre el pasado o sobre el futuro, no creaba problemas, pero tampoco mejoraba el estado de ánimo. En cambio, los pensamientos neutros o negativos sí hacían que la gente se sintiera más infeliz. Y, lamentablemente, esos eran la mayoría.

Muchos de nuestros pensamientos negativos sobre el pasado consisten en darle vueltas a lo que pasó. Es algo muy común cuando estamos desanimados, deprimidos o con ansiedad. Solemos preguntarnos: ¿Por qué terminó así? ¿Tendría que haber actuado diferente? ¿Y si hubiera hecho otra cosa? ¿Por qué me siento así? Una expresión más elegante para este darle vueltas a algo es «rumiar». Viene del latín *rumigare*, que significa «volver a masticar». Y eso es exactamente lo que hacemos: pensamos una y otra vez en lo mismo, sin terminar nunca de digerirlo.

Los pensamientos negativos sobre el futuro suelen tomar la forma de preocupación. También es algo muy común cuando estamos desanimados, y sobre todo en los casos de ansiedad. Es habitual que los pensamientos ansiosos empiecen con un «¿y si...?»: ¿Y si el cargador del móvil se incendia? ¿Y si Sofía me deja? ¿Y si digo una estupidez total en la entrevista de trabajo? Al igual que cuando le damos vueltas al pasado, la preocupación tiende a ser un rumiar repetitivo que no conduce a ninguna parte.

Un poco de preocupación no hace daño

La preocupación puede ser útil. A veces, y hasta cierto punto. Si no sintiéramos nada de preocupación, no tendríamos motivos para ir a trabajar, estudiar para un examen o cepillarnos los dientes. En esos casos, la preocupación nos empuja a actuar para evitar cosas desagradables como que nos echen, sacar malas notas o tener caries.

Pero si te pasas el día preocupado porque tu pareja puede tener un accidente con el coche, porque el gato podría tener cáncer o porque va a hacer mal tiempo en las vacaciones de verano, entonces estás angustiándote por cosas que no puedes controlar ni cambiar.

Darle vueltas al pasado es una causa perdida, da igual sobre qué lo hagas. Las preguntas que nos hacemos son callejones sin salida, y rara vez tienen una respuesta clara. ¿Todo habría sido distinto si nos hubiéramos ido a vivir juntos ese año? ¿Tendría que haber comprado el suéter color crema en lugar del otro? ¿Qué habría pasado si no le hubiera dicho eso a Camila?

Pero quien se enrosca con estos pensamientos suele sentir que está haciendo algo importante. Y ese es, justamente, gran parte del problema.

Los pensamientos generan más pensamientos

Cuando nos enfrentamos a una amenaza en el mundo real, los humanos solemos recurrir a dos estrategias básicas: huir o luchar. Así que no es tan raro que, cuando aparecen pensamientos dolorosos, intentemos abordarlos de la misma manera.

Has probado la primera estrategia, huir, al comienzo del capítulo, cuando intentaste no pensar en un animal de un color específico evitando pensar en él. Y si eres como la mayoría de las personas, imagino que tuviste que hacer más de una marca en el libro.

Habías pasado toda la semana sin pensar ni una sola vez en un sapo violeta o un caballo rojo, pero justo en el momento en que tenías que evitarlo, se volvió completamente imposible. Así funciona el cerebro. No podemos dejar de pensar en algo sin, al mismo tiempo, pensar en eso que *no* deberíamos pensar. Por eso esa estrategia está condenada al fracaso.

Al no poder escapar, entramos en combate con los pensamientos. Les damos vueltas sin parar, tratando de resolver el problema a fuerza de encontrar alguna especie de solución. Pero casi nunca la hay. Y entonces pasa justo lo que queríamos evitar: aparecen más pensamientos. Es como una picadura de mosquito: cuanto más rascamos, peor se pone.

El precio de pensar demasiado

Cuando nos preocupamos y damos demasiadas vueltas a las cosas, nuestro estado de ánimo empeora. En algunos estudios se les pidió a personas que se sentían desanimadas que pensaran *aún más* en sus problemas. A otro grupo, en cambio, se le propuso pensar en otra cosa. ¿Adivinas qué pasó? Exacto: darle vueltas a lo mismo solo intensificó la tristeza y la ansiedad.

Ping-pong mental

Entonces, ¿por qué seguimos haciéndolo? Porque cuando luchamos contra nuestros pensamientos, rara vez lo vemos como *el problema*. Al contrario: lo vivimos como *la solución*.

Darle vueltas a algo es un proceso que alterna entre dos tipos de pensamientos: los incómodos y los que intentan calmarte. Primero aparece una idea inquietante: *¿Y si entran a robar mientras estamos de viaje?* Después, una que busca tranquilizarte: *Bueno, pero tenemos puerta de seguridad.*

El pensamiento incómodo genera malestar y dudas. Y eso no nos gusta. El pensamiento tranquilizador alivia ese malestar. Y eso sí nos gusta. Aquí entra en juego un mecanismo engañoso: cuando algo que nos gusta aparece justo después de algo que no nos gusta, *ese algo desagradable se refuerza*. Es decir, vamos a tender a repetir lo que no nos gusta, solo para conseguir más de lo que sí. En lenguaje psicológico, a eso se lo conoce como la ley de Premack, y todos sabemos cómo funciona en la práctica: trabaja y recibirás tu sueldo; ordena tu cuarto y tendrás helado. El sueldo refuerza el trabajo, el helado refuerza la limpieza.

Los pensamientos reconfortantes refuerzan los pensamientos desagradables. El cerebro querrá pensar más pensamientos difíciles, porque vienen de la mano con los que calman y reconfortan. Por eso acabamos atrapados en una interminable partida de ping-pong entre pensamientos que nos inquietan y otros que nos calman.

Leí sobre una familia a la que le entraron a robar, y eso que tenían puerta de seguridad.
Pero acaban de instalar la nuestra y es supergruesa.
Aunque los ladrones son muy hábiles, verdaderos profesionales.
Igual, tenemos un buen seguro del hogar.
Aunque hay cosas que no se pueden reemplazar.
Pero Rut, la de enfrente, siempre está en casa, ella vigila.
Aunque la pobre señora está completamente sorda.

Otro problema es que muchas veces no somos conscientes de que estamos dándole vueltas a algo. Pensamos todo el tiempo, en un monólogo interior constante. Y no siempre es fácil saber cuándo estamos reflexionando y cuándo estamos rumiando o preocupándonos. Pero bien, lo que se dice bien, no estamos.

Dar vueltas a pensamientos tristes o molestos, a menudo cargados de autocrítica, no es precisamente una receta para el bienestar. Y es aún más difícil parar cuando sentimos que la solución es pensar todavía más. Es hora de hacer justo lo contrario.

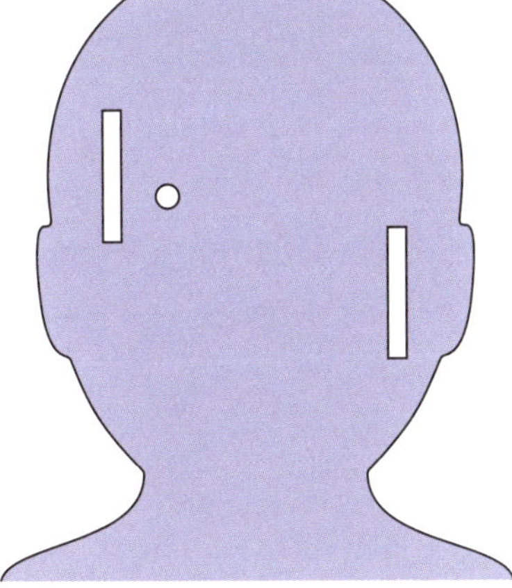

HAZ LO CONTRARIO: DEJA A LOS PENSAMIENTOS EN PAZ

Una vez más, por si acaso

No te sirve de nada seguir rumiando ni preocuparte en exceso. No vas a encontrar respuestas, no vas a encontrar soluciones. Si fuera así, las habrías encontrado ya a estas alturas.

Lo que pasó, pasó. No hay mucho que puedas hacer respecto a lo que va a pasar, hasta que pase. La mayoría de las cosas que imaginas no van a ocurrir. Y si llegan a ocurrir, no serán como te las imaginabas. Lo único que sí va a suceder es que los pensamientos se van a multiplicar y a gritar cada vez más fuerte.

Los pensamientos no van a dejar de aparecer

Lo más habitual es que los pensamientos incómodos o inquietantes aparezcan de vez en cuando, le pasa a todo el mundo. Es el precio de tener cerebros tan bien desarrollados. El problema es creer que siempre hay que hacer algo con ellos.

Que un pensamiento aparezca en tu cabeza no significa que tengas que prestarle atención. Puedes imaginarlo como una notificación en tu móvil: algunas valen la pena, otras no. Tú decides cuáles abrir y cuáles dejar pasar. No hace falta revisar cada una. Lo mejor es enfocarte en las que realmente te sirven y dejar que el resto se vaya solo.

Ocúpate de lo que sí se puede resolver

No todos los pensamientos molestos son parte del bucle mental. A veces, el cerebro simplemente nos está avisando de algo que sí necesita que actuemos.

Pero las personas que sienten mucha preocupación suelen tener dificultades para distinguir entre lo que realmente se puede resolver y lo que está fuera de su control (preocupación en estado puro). Por eso puede ser útil hacer una pausa y preguntarse si esos pensamientos que dan vueltas en la cabeza tienen que ver con un problema real o con uno hipotético.

Un problema real es algo que está ocurriendo aquí y ahora, o que ya ha pasado. Por ejemplo, tener dolor de cabeza o tener un examen en una semana para el que todavía no has empezado a estudiar. Son cosas con las que, efectivamente, puedes hacer algo.

Los problemas hipotéticos, en cambio, serían pensar que el dolor de cabeza es señal de un tumor maligno en etapa inicial, o que te va a ir tan mal en el examen que te expulsarán de la universidad, no conseguirás trabajo y vas a terminar vendiendo tus órganos en el mercado negro. En resumen: problemas que, muy probablemente, solo existen en tu propia imaginación catastrófica.

Empezar a notar la diferencia entre lo que existe en la realidad y lo que solo está en tu cabeza suele ser un buen primer paso para tener una mirada más clara —y menos dramática— sobre tus pensamientos.

¿Has tenido alguna preocupación dando vueltas en la cabeza estos últimos días? Toma un lápiz y trata de aclarar si se trata de un problema real o solo de uno hipotético.

¿Qué activó el pensamiento?	¿Cuál fue el pensamiento?	¿Real o hipotético?
Leí sobre una persona con cáncer de páncreas	¿Y si tengo cáncer de páncreas?	Hipotético
Camila me preguntó qué le había comprado a Pedro para su cumpleaños	Mierda, me olvidé de comprarle un regalo de cumpleaños a Pedro	REAL

Darle vueltas a un tema rara vez ayuda por sí solo, pero a veces puede ser una señal de que hay algo que necesitas afrontar. Rumiar puede convertirse en una forma de evitar aquello que realmente incomoda. Por ejemplo, puede resultar más tentador pensar una y otra vez en por qué tu relación no funciona que intentar hacer algo al respecto, porque eso podría llevar a discusiones o incluso a una separación.

Resolución concreta de problemas en cinco pasos

Si tienes un problema real, no esperes para afrontarlo. Y si no sabes muy bien por dónde empezar, puedes usar esta estrategia simple y efectiva para resolverlo paso a paso.

1. Define el problema

Empieza por describir cuál es el problema. Intenta ser lo más claro, preciso y concreto posible. Si el problema es muy grande, prueba con tomar solo una parte.
EJEMPLO: *La relación con mi pareja se ha deteriorado. Hablamos poco y discutimos con frecuencia.*

2. Lluvia de ideas

Anota todas las opciones que se te ocurran como posibles soluciones. No te preocupes por si son realistas o no, simplemente suéltalas. Cuantas más ideas, mejor.
EJEMPLO:
Proponer sentarnos a hablar en serio
Hacer terapia de pareja
Pedir consejo a mis amistades
Preguntar a sus amistades qué opinan
Terminar la relación
Hacer un viaje juntos
Escribir a una columna de consejos y preguntar qué hacer

Pedirle matrimonio
Proponer una relación abierta
Consultar a ChatGPT a ver si tiene una buena idea
Decir que creo que deberíamos vivir separados

3. Evalúa las soluciones

Asigna a cada propuesta una puntuación del 0 al 10, según cuán útil creas que podría ser.

EJEMPLO:

Proponer sentarnos a hablar en serio	*(6 puntos)*
Hacer terapia de pareja	*(8 puntos)*
Pedir consejo a mis amistades	*(5 puntos)*
Preguntar a sus amistades qué opinan	*(2 puntos)*
Terminar la relación	*(1 punto)*
Hacer un viaje juntos	*(5 puntos)*
Escribir a una columna de consejos y preguntar qué hacer	*(1 punto)*
Pedirle matrimonio	*(2 puntos)*
Proponer una relación abierta	*(3 puntos)*
Consultar a ChatGPT a ver si tiene una buena idea	*(0 puntos)*
Decir que creo que deberíamos vivir separados	*(3 puntos)*

4. Elige la solución que vas a probar

Selecciona una opción y decide cuándo y cómo vas a ponerla en práctica. Elige una solución concreta y clara, una acción que puedas llevar a cabo (puedes ayudarte con los principios SMART que veremos en el capítulo 8).

EJEMPLO:

Voy a proponer que vayamos a terapia de pareja.
Voy a sacar el tema mañana a la hora del desayuno y me voy a ofrecer a buscar un psicólogo adecuado.

5. Hazlo

Este paso es absolutamente clave. Si te lo saltas, lo único que habrás hecho es seguir dándole vueltas al asunto. Una vez que lo hayas hecho, evalúa cómo te fue. Tómalo como un experimento: estás probando algo nuevo. Si no resolvió el problema, elige otra opción y ponla en marcha.

EJEMPLO:

Primero se enojó, pero después le pareció una buena idea.
Quedamos en que los dos vamos a buscar un terapeuta que nos convenza.

> «Rendirse no siempre significa que seas débil. A veces, simplemente eres lo bastante fuerte como para soltar.»
>
> – Taylor Swift

Suelta lo demás

A los pensamientos que no tienen solución ni respuesta, deberías dedicarles la menor cantidad de tiempo posible. Esto vale tanto para las preocupaciones hipotéticas (*¿Y si mi nueva jefa me odia? ¿Y si Nicole me deja? ¿Y si dije una estupidez en la fiesta?*) como para la rumiación sin salida (*¿Joaquín se burló de mí durante la presentación? ¿Habría sido más feliz si hubiera estudiado biología marina? ¿Tendría que haber fijado la hipoteca a menos años?*). Porque no te van a llevar a nada bueno. Entonces, ¿qué se supone que hay que hacer?

El arte de dejar de jugar al ping-pong con tu mente

Lo que dicta el instinto a la hora de lidiar con los pensamientos suele ser un callejón sin salida. Pero hay otras formas —más constructivas— de enfrentarlos, y suelen dar mejores resultados. Para algunas personas, unas funcionan mejor que otras. Tendrás que probar y ver cuál te sirve a ti.

¿Y si entran a robar en el departamento?

Sí, puede pasar. Y hay cosas que nunca podría reemplazar.
¿Y si Ana pensó que fui una snob cuando dije que no me había gustado el vino de ayer?
Es muy posible que piense que soy una pedante. Tendré que vivir con eso.

Me pregunto si no tendría que haberme casado con Juan.
Puede ser. Tal vez habría sido una vida mucho mejor. Era un tipo encantador, y bastante creativo en la cama, además.

Al aceptar que el pensamiento *podría* ser cierto, evitas consolarte a ti mismo. Y eso, a corto plazo, va a aumentar tu ansiedad y tu preocupación.

Es muy probable que el cerebro siga lanzándote más pensamientos molestos. Haz lo mismo con ellos: acepta la idea y no devuelvas el golpe. Cuando dejas de consolarte, poco a poco se desactiva la dinámica entre los pensamientos negativos y los positivos. El cerebro irá lanzando cada vez menos pelotas: no tiene gracia jugar con alguien que no quiere participar.

Para no meterte de nuevo en el partido, haz lo posible por cambiar el foco hacia afuera, hacia lo que estás haciendo en ese momento, *fuera* de tu cabeza. Concéntrate en la ropa que estás separando, la conversación que estás teniendo durante la cena o el correo electrónico que estás escribiendo.

Pospón los pensamientos

Reprimir los pensamientos no suele funcionar. Pero hay algo que, para muchas personas, funciona sorprendentemente bien: posponerlos. Permitirte preocuparte o darle vueltas a algo, solo que *no ahora*. Haz esto:

- Elige una hora fija del día en la que puedas disponer de unos quince minutos sin interrupciones para dedicarte a los pensamientos difíciles. (Evita que sea cerca de la hora de dormir, y *nunca* lo hagas en la cama.)
- Durante ese rato puedes dedicarte activamente a esos pensamientos, tratando de discernir cuáles son problemas reales que podrías resolver y cuáles son simplemente fantasías.
- Si identificas problemas reales, haz un plan y pon manos a la obra para resolverlos.
- Si te sorprendes dándole vueltas al asunto en otro momento del día, dite a ti mismo que ya tendrás tiempo para pensarlo más tarde, y cambia el foco a lo que estés haciendo en ese instante, algo fuera de tu cabeza.
- Respeta estrictamente el tiempo que has asignado.
- Si se acaba el tiempo y aún quieres seguir dándole vueltas, déjalo para el día siguiente.
- Y si, por el contrario, cuando llegue el momento de revisarlo, no sientes necesidad de preocuparte ni de darle vueltas a nada, puedes saltártelo y dejarlo para el día siguiente.

Lidiar con los pensamientos negativos de esta forma no es algo habitual, y suele requerir práctica. Habrá días en que te resulte más fácil, y otros en los que los pensamientos insistan más. Haz lo mejor que puedas por posponerlos y, en su lugar, vuelve al presente y a lo que tienes delante.

Un descubrimiento importante para muchas personas es que esos pensamientos que a la hora del almuerzo parecían urgentes y difíciles de ignorar, más tarde ya no parecen tan importantes. Y eso puede ayudarte a cuestionar la utilidad de estar dándoles vueltas todo el tiempo.

Entrena la atención plena

La atención plena o *mindfulness* puede sonar un poco etérea, pero en realidad se trata simplemente de la capacidad de enfocarte en lo que está ocurriendo aquí y ahora. Con práctica, uno se vuelve mejor para ver los pensamientos *como lo que son*: solo pensamientos. Y aprender a dejarlos estar sin dejarse arrastrar por ellos ni entrar en combate.

Se trata de adoptar una actitud de observación y aceptación ante lo que estás experimentando en el momento presente, y de volverte más hábil a la hora de elegir *dónde* quieres dirigir tu atención.

Aprender a estar más presente requiere práctica, y al principio puede resultar frustrante. Vas a notar cómo tus pensamientos y emociones, una y otra vez, te arrastran con ellos. Es así, y no hay por qué alterarse. Solo toma nota de que está pasando —«ah, ahí apareció uno de esos pensamientos»— y haz lo mejor que puedas para volver a llevar la atención a lo que estás experimentando en ese momento.

Muchas prácticas se apoyan en lo que percibimos a través del cuerpo y los sentidos, porque eso —a diferencia de los pensamientos— siempre ocurre en el aquí y ahora. Aquí va un ejercicio que a mí, personalmente, me gusta mucho:

Ejercicio con tres sentidos

En este ejercicio breve vas a prestar atención a lo que estás experimentando —*justo ahora*— a través del oído, la vista y el tacto. Toma un par de respiraciones profundas y sigue los pasos.

1. Presta atención a tres sonidos, uno por vez. Pueden ser el tic-tac del reloj en la pared, un coche que pasa por la calle o tu compañera tarareando algo.
2. Mira a tu alrededor y detecta tres cosas que puedas ver. Tal vez tus zapatos, las burbujas en una botella de agua con gas o alguien que pasa frente a la ventana.
3. Ahora nota tres cosas que puedas sentir. La silla en la que estás sentado, el móvil en tu bolsillo o una sensación física en alguna parte del cuerpo.
4. Repite los pasos 1 a 3, pero esta vez elige solo dos cosas por sentido. Y una última ronda: una sola cosa de cada uno. Listo.

Hay montones de ejercicios de *mindfulness* y aplicaciones que puedes consultar. Pero también, todo el tiempo, hay cosas dentro y fuera de nosotros con las que podemos practicar estar presentes.

- Prueba a comer sin mirar el móvil. Concéntrate en cómo sabe cada bocado y cómo se siente en la boca.
- Sal a caminar y fíjate en la sensación cada vez que apoyas el pie en el suelo.
- Cuando te duches, nota cómo se siente el agua al tocar distintas partes del cuerpo.
- Cepíllate los dientes poniendo toda tu atención en cómo se siente, sabe y suena el cepillo al moverse.

Y cuando tu mente empiece a divagar (porque lo va a hacer), vuelve a traer la atención al momento presente.

Date cuenta de que estás dándole vueltas

Muchas veces entramos en modo preocupación o rumiación sin darnos cuenta. Como si estuviéramos comiendo sushi en piloto automático. Y si no somos conscientes de que estamos masticando, es difícil hacer algo al respecto.

Las emociones suelen sentirse con más claridad que los pensamientos. Si de repente notas que tu estado de ánimo se viene abajo, detente y pregúntate si hay algo que estás rumiando. También puedes configurar recordatorios en el móvil o pegar notas adhesivas (en el ordenador, en la nevera, etc.) para que funcionen como señales que te inviten a parar y preguntarte si estás jugando al ping-pong mental.

¿Tienes dudas? Haz la prueba de los dos minutos

A veces no sabemos si estamos tratando de resolver algo o simplemente dándole vueltas sin fin. Haz esta prueba y sal de dudas: pon un temporizador de dos minutos y deja que tu mente trabaje. Cuando suene la alarma, pregúntate si, de alguna manera, te acercaste a una solución. Si la respuesta es sí —¡felicidades!—, probablemente estás resolviendo un problema. Si la respuesta es no —y tu mente solo estuvo dando vueltas en círculos—, déjalo ahí y haz algo más útil.

Sal de tu cabeza y vuelve a la vida

Cuando caemos en el bucle de los pensamientos repetitivos, tendemos a encerrarnos en nosotros mismos y a desconectarnos del entorno. Hacer planes o quedar con gente deja de tener gracia, y muchas veces terminamos aislándonos. Eso contribuye a que nos perdamos cosas que nos hacen bien: momentos que nos recargan, ideas nuevas, inspiración, un poco de aire fresco para la cabeza. Con el tiempo, terminamos sintiéndonos apagados. En el capítulo 1 hablamos de lo importante que es mantener en marcha la vida y hacer esas cosas que nos dan energía. ¡Hazlo!

Pensar de más no te hace más brillante ni es sinónimo de profundidad

Preocuparse y rumiar pueden convertirse fácilmente en hábitos muy arraigados. Algunas personas empiezan a verlo como parte de su personalidad, otras piensan que les da una ventaja o habilidades que los demás no tienen. Quien se preocupa todo el tiempo puede llegar a creer que eso es «planificar», una herramienta eficaz para rendir más. Y quien rumia puede convencerse de que así obtiene respuestas e ideas que las personas menos analíticas no alcanzan a ver. Pero ¿de verdad es eficaz analizar todos los escenarios posibles (e imposibles) en la cabeza? ¿Es señal de «profundidad» pensar lo mismo una y otra vez? ¿No son las personas intelectuales y creativas aquellas que piensan cosas nuevas? ¿Y si lo que te vuelve realmente eficaz, lúcido y libre es salir del bucle mental? Dale una vuelta, o mejor no.

06

PROBLEMAS DE SUEÑO

CUANTO MÁS INTENTAS DORMIR, PEOR DUERMES

Roger, el cavernícola, corre hacia ti blandiendo su enorme garrote. ¿Qué haces?

a. Sales corriendo.
b. Peleas.
c. Te acuestas y echas una siesta.

¿Y esto qué tiene que ver con mis problemas de sueño?, te preguntas. Pues mucho, en realidad. Ya volveremos sobre eso.

Si duermes mal por las noches, no estás solo. Según la OMS, cerca del 40% de la población mundial sufre algún tipo de trastorno del sueño, incluido el insomnio. El insomnio se diagnostica cuando cuesta mucho conciliar el sueño, te despiertas varias veces en la noche o demasiado temprano y no logras volver a dormir. Para que se considere clínicamente insomnio, estos problemas deben durar al menos tres meses, aparecer al menos tres veces por semana y afectar tu día a día: cansancio, dificultad para concentrarte, problemas de memoria, desánimo, dolores. En resumen: un desastre de sueño. Si eres de los que lo sufren, seguramente ya te habrán aconsejado prestar atención a estas cosas:

Oscuridad total

La mayoría duerme mejor cuando hay oscuridad total. Baja las persianas, corre las cortinas. Incluso podrías considerar poner una cortina opaca.

Silencio

Prueba con tapones para los oídos si los ruidos te molestan. Si tú o tu pareja roncáis, consulta en la farmacia: pueden darte alguna recomendación. Dormir en habitaciones separadas también puede ser una buena idea.

Cafeína y nicotina

Ten cuidado con los estimulantes. Trata de no tomar más de tres tazas de café o té al día. Si puedes, evítalos durante las cinco horas previas a acostarte. La nicotina también estimula, así que intenta no fumar antes de irte a la cama.

Habitación fresca

Dormimos mejor cuando el dormitorio está fresco, con un edredón agradable. Abrir la ventana un rato antes de acostarte puede ayudar. También una ducha caliente antes de dormir: eso le da a tu cuerpo la señal de empezar a enfriarse por sí solo.

Alcohol

Algunas personas creen que el alcohol les ayuda a dormirse, pero en realidad interrumpe el sueño durante la noche. Si vas a beber, que sea con moderación y nunca en las horas previas a acostarte.

Alimentación

Llevar una dieta equilibrada y variada ayuda. Evita la comida rápida, el azúcar y los carbohidratos simples, porque pueden afectar negativamente al sueño. No te acuestes con hambre, pero tampoco con el estómago a reventar.

Ejercicio físico

Muévete con regularidad e intenta incluir algo de ejercicio que acelere el pulso. El movimiento favorece el sueño de muchas maneras, entre ellas, ayudando a regular la temperatura corporal. Eso sí: mejor evitar entrenamientos intensos en las tres horas previas a dormir, porque pueden activarte demasiado.

Luz natural

La luz del día ayuda a sincronizar nuestro reloj biológico y a regular el ritmo circadiano. Trata de exponerte a mucha luz natural por la mañana. Si pasas mucho tiempo en espacios cerrados, acércate a una ventana.

Pantallas

El móvil tiene esa habilidad de activarnos y acelerarnos. Además, los móviles, ordenadores, tabletas y pantallas de televisión emiten una luz azul parecida a la del día. Ayuda a tu cerebro a entender que ya es de noche evitando las pantallas un par de horas antes de acostarte.

Bajar las revoluciones

Evita el trabajo, las actividades mentalmente exigentes y el ejercicio en las horas previas a dormir: todo eso nos activa y nos mantiene despiertos. Intenta dedicar ese rato antes de acostarte a cosas que te relajen y te calmen.

Los consejos anteriores forman parte de lo que suele llamarse higiene del sueño: recomendaciones básicas para dormir mejor. Y tienen su valor, sin duda. Son consejos concretos y bastante sensatos. ¡Hasta un poco reconfortantes! Si estás lidiando con problemas de sueño y ves que hay cosas evidentes que podrías mejorar, está perfecto que hagas algunos ajustes.

Pero estos consejos tienen un lado oscuro. En algunas personas pueden generar una obsesión poco saludable con tener las condiciones perfectas para poder dormir, lo que termina provocando más ansiedad y estrés. Porque esa es la cuestión: los problemas de sueño que se prolongan en el tiempo rara vez tienen que ver con lo externo, y mucho más con lo que pasa dentro de tu cabeza.

Como estos consejos apelan al sentido común —suenan tan razonables—, es fácil quedarse estancado ahí y no probar cosas que pueden marcar la diferencia. Se trata de estrategias que, paradójicamente, suenan totalmente ilógicas y, para colmo, son bastante molestas.

Miedo a no dormir

Dormir mal tiene mucho que ver con el estrés y con las mil cosas que nos preocupan. Pero hay algo que muchas personas con problemas de sueño comparten: un miedo concreto, casi visceral, a no poder dormir. Ese miedo puede tomar distintas formas, aunque hay pensamientos que se repiten una y otra vez:

- Si duermo mal, me voy a enfermar.
- Si duermo mal, voy a enloquecer.
- Si duermo mal, voy a rendir fatal en el trabajo.
- Si duermo mal, voy a estar horrible.

– Si duermo mal, voy a engordar.
– Si duermo mal, voy a estar insoportable.
– Si duermo mal, voy a ser un desastre como madre/padre.

Muchas personas con problemas para dormir tienen estas ideas dando vueltas en la cabeza todo el día. Y qué mala suerte que justo quienes más miedo tienen a dormir mal sean los que peor duermen. Vaya coincidencia. Casi dan ganas de pensar que no es casualidad.

Esto nos lleva de vuelta a Roger y su temible garrote. La opción c —acostarse a dormir cuando hay peligro— no parece una gran estrategia de supervivencia. Tan poco viable es que el cuerpo se encarga de que no funcione. Cuando nos sentimos en peligro o con miedo, se activa una fuerte respuesta de estrés que nos pone más despiertos y alertas que nunca.

No importa si el miedo es a cavernícolas agresivos, a animales salvajes (como en la época en que se desarrolló nuestro sistema de estrés) o a no dormir lo suficiente para mantenernos radiantes: el cuerpo reacciona de la misma manera. Es el mismo tipo de estrés. Así, el miedo a no dormir se convierte en una profecía autocumplida que nos mantiene despiertos. De hecho, la investigación muestra que uno se duerme más rápido si se acuesta pensando que no debe cerrar los ojos ni dormirse que si lo hace pensando: «tengo que dormir sí o sí».

Además de interferir con la capacidad del cuerpo para relajarse físicamente, la preocupación por dormir mal suele generar una serie de conductas que no hacen más que empeorar la situación. Un ejemplo típico: las siestas durante el día para «recuperar» horas de sueño. También es muy común que, en un intento mal encaminado por dormir lo máximo posible, uno empiece a pasar cada vez más tiempo en la cama y a acostarse más y más temprano. ¿El resultado? Te vas a la cama sin tener realmente sueño, lo que hace que sea todavía más difícil conciliar el sueño, y mantenerlo.

Y ahí estás, a las ocho de la noche, acostado en tu cama ergonómica, con la temperatura perfecta, en total oscuridad, con los tapones puestos, el pecho aún tibio después de una taza de té escandalosamente relajante del herbolario Sana Sana. Y con un único pensamiento retumbando en las sienes: ¡TENGO QUE DORMIRME YA! Y te sientes totalmente, completamente, absolutamente despierto. Hora de hacer lo contrario.

HAZ LO CONTRARIO: PASA MENOS TIEMPO EN LA CAMA

Los problemas de sueño persistentes tienen mucho que ver con el estrés y con la preocupación (que también genera estrés). El estrés es una respuesta del sistema nervioso. A través de una cascada de hormonas —entre ellas, adrenalina y cortisol— el cuerpo eleva el nivel de azúcar en sangre para darnos una dosis extra de energía. Nos activa. Justo lo contrario de lo que necesitamos para dormir y relajarnos.

Por eso no es casualidad que los problemas de sueño suelan aparecer en épocas de estrés constante y presión sostenida. Si te cuesta dormir, te recomiendo también leer el capítulo 4, sobre el estrés, y el capítulo 5, sobre la preocupación y los bucles mentales: puede que ahí esté la raíz de tus dificultades para dormir.

Como ya vimos, el miedo a dormir mal —o a no poder dormir en absoluto— es otro gran obstáculo. Ese miedo suele basarse en malentendidos y en ideas rígidas sobre cómo *debería* ser el sueño. Por eso, empezar con una mirada más flexible y realista sobre el tema puede ser un buen primer paso.

Cinco datos sobre el sueño

No todo el mundo necesita dormir 8 horas

Una persona adulta duerme, en promedio, unas 7,5 horas por noche. Pero eso no quiere decir que tú tengas que dormir exactamente lo mismo. La cantidad de sueño que necesitamos varía de una persona a otra. A algunas les basta con seis horas; otras prefieren dormir nueve. Hay quienes duermen menos entre semana y recuperan algo el fin de semana. Lo que les funciona a los demás no tiene por qué funcionarte a ti.

Dormir mal no es bueno para la salud (como tantas otras cosas)

Es cierto que los problemas de sueño persistentes se asocian con una salud más frágil y con un mayor riesgo de morir antes. Pero ese tipo de relación también se ha observado con muchas otras cosas: no leer libros, ser hipocondríaco, no tomar café o no usar hilo dental con regularidad.

No digo que haya que subestimar al Hada del Sueño. Si duermes mal, está muy bien que quieras hacer algo al respecto. Pero andar todo el día pensando en todo lo que puede hacerle daño a tu cuerpo rara vez ayuda. No tener perro también se asocia con una peor salud, pero ¿te imaginas cómo sería el mundo si todos anduviéramos por ahí con un schnauzer?

Dormir mal unos días no es el fin del mundo

Si pasas unas cuantas noches sin dormir bien, no va a hacer una gran diferencia en tu salud. Puede que sientas cansancio, mal humor o la sensación de que no estás rindiendo ni pensando con claridad. Pero cuando se ha puesto a distintas personas a resolver problemas, las diferencias entre quienes tienen insomnio y quienes no lo tienen son mínimas. Tampoco hay evidencia de que dormir mal un par de noches aumente el riesgo de sufrir problemas de salud mental en alguien que, por lo demás, está bien.

Así que no hace falta que te obsesiones con los problemas de sueño puntuales o de corta duración. Es importante tenerlo presente, porque —como vas a ver— la falta de sueño ocasional puede ser, paradójicamente, una de las formas más efectivas de recuperar un buen descanso a largo plazo.

Nadie se siente en su mejor momento al despertarse

Que te despiertes cansado no significa necesariamente que hayas dormido mal o muy poco. De hecho, la mayoría nos levantamos medio atontados, con un poco de legañas en los ojos. Eso se llama inercia del sueño y suele durar unos quince minutos.

La mayoría no le da mayor importancia, pero quienes le tienen miedo a dormir mal suelen interpretarlo como una señal de que la noche fue un desastre y que el día ya empieza con el pie izquierdo. Algunos incluso intentan quedarse en ese estado de semisueño, deambulan por la casa con las luces tenues, y así es aún más difícil despejarse. Mi consejo: pon las noticias y prepárate un café.

La somnolencia no es lo mismo que el cansancio

Dormir mal puede hacer que tengas sueño y que sientas agotamiento. Pero el cansancio no siempre tiene que ver con el sueño. Hay muchas otras cosas que pueden hacernos sentir sin energía: no haber hecho ejercicio, no ver a nuestros amigos, o simplemente que la vida parezca gris, estresante o aburrida.

Pero si interpretas todo cansancio como falta de sueño —algo muy común en quienes le tienen miedo a dormir mal—, se vuelve más difícil encontrar la causa real del problema. Y no, la solución no siempre es dormir más o descansar. De hecho, a veces decidir tomarse las cosas con más calma puede tener el efecto contrario: cancelas la cena con esa amiga, dejas pasar la salida a correr, te quedas en casa «para relajarte», y terminas sintiéndote aún más cansado (aunque no tengas más sueño). ¡Sal, muévete!

La gran revelación sobre lo que pasa cuando no duermes durante un buen rato

Te duermes.

El mejor truco para conciliar el sueño es, simplemente, tener sueño. Una afirmación tan sorprendente como decir que los gatitos son adorables. Pero no por obvia deja de ser cierta. Por eso, las siestas largas, el descanso excesivo, cancelar planes o meterte en la cama antes de que empiecen las noticias de las 9 no son la solución, sino más bien parte del problema. Todo eso conduce a un sueño flojo, diluido, que complica tanto el quedarte dormido como mantener el sueño durante la noche.

Por eso, el corazón de los mejores tratamientos contra el insomnio no es dormir más, sino —justamente— dormir menos. Así se incrementa lo que se llama presión del sueño, que te ayuda a dormirte más rápido y a dormir más profundamente.

¡Conquista la noche!

Es hora de que empieces a dormir mejor. Tengo una buena y una mala noticia. Empecemos por la buena: las técnicas que estás a punto de probar son increíblemente efectivas y están muy bien respaldadas por la ciencia. Si las sigues al pie de la letra, es casi seguro que vas a dormir mejor.

¿La mala? Que es duro. Muy, muy duro. Y, además, un poco técnico. Y aburrido. Pero lo vamos a atravesar juntos. ¡Empecemos!

Restricción del sueño y control de estímulos

Sí, así se llaman estas técnicas en el lenguaje de la psicología. Suena complicado, pero en realidad es muy simple: limitar el tiempo que puedes pasar en la cama y levantarte si no consigues dormir. Funcionan mucho mejor si las aplicas juntas.

Durante las próximas semanas —o incluso meses— vas a dormir bastante menos de lo que te gustaría. Y lo vas a hacer a propósito. ¿Por qué? Porque tu cuerpo ha perdido el rumbo y ya no distingue bien entre el momento de dormir y el de estar despierto. Siguiendo estas técnicas, vas a alcanzar un nivel de somnolencia tal que tu cuerpo no va a tener más remedio que volver a su ritmo natural de sueño.

Restricción del sueño – menos tiempo en la cama

Funciona así: pasas diez horas en la cama, pero solo duermes cinco. A partir de ahora, solo se te permite estar cinco horas en la cama. Vas a estar muy cansado, y eso hará que te duermas. A medida que empieces a dormir mejor, irás ganando tiempo de cama poco a poco.

Más abajo te lo explico con detalle. La restricción del sueño es como hornear: no empieces a improvisar. Sigue la receta al pie de la letra. ¿Tienes ganas de ponerle creatividad al tratamiento para dormir? Cómprate un pijama gracioso, mejor.

Paso 1. Diario del sueño

Lo primero que vas a hacer es llevar un pequeño diario del sueño durante una semana. Así podrás tener una idea clara de cómo estás durmiendo hoy en día. Lo ideal es que lo completes cada mañana, apenas te levantes de la cama. Anota lo mejor que puedas, según tu propia estimación.

	Lun	Mar	Miér	Jue	Vie	Sáb	Dom
Tiempo en la cama							
Tiempo que duermo							

El diario es muy sencillo. Solo tienes que anotar cuánto tiempo estuviste en la cama y cuánto tiempo dormiste.

Ejemplo: te acuestas a las 23:00 y te levantas a las 07:00. Eso hace un total de 8 horas en la cama. Pero tardas 1 hora en dormirte. Durante la noche te despiertas tres veces y estás despierto unos 20 minutos cada vez. Finalmente, te despiertas a las 06:00 pero te quedas en la cama remoloneando hasta que te levantas a las 07:00. En total, pasaste 3 horas en la cama sin dormir. Por lo tanto, el tiempo que realmente dormiste fue de 5 horas.

Paso 2. Convierte los minutos a decimales

Como más adelante vamos a tener que sumar y dividir los tiempos que pasas en la cama y los que realmente duermes, es importante que los conviertas a formato decimal. Lo más fácil es buscar en Google «convertir minutos a decimales» y usar alguna tabla como referencia. (La idea es simple: por ejemplo, 5 horas y 30 minutos se convierte en 5,5 horas. Y así sucesivamente).

Paso 3. Calcula tu eficiencia del sueño

Una vez que hayas completado el diario durante una semana, es momento de sacar algunos promedios. Primero, calcula el tiempo promedio que pasaste en la cama: suma todas las horas que estuviste en la cama durante la semana y divídelo por 7. Luego haz lo mismo con el tiempo que realmente dormiste.

Luego vas a calcular tu eficiencia del sueño, es decir, qué porcentaje del tiempo que pasaste en la cama lo usaste realmente para dormir. Para eso, divide tu promedio de horas dormidas por tu promedio de horas en la cama. Ejemplo: si dormiste un promedio de 6,17 horas por noche y estuviste en la cama un promedio de 9,25 horas por noche, divides 6,17 entre 9,25. El resultado es aproximadamente 0,67. Multiplica ese número por 100 y te da 67. Eso significa que tu eficiencia del sueño es del 67 %.

Paso 4. Establece y respeta tus nuevos horarios de cama

Ahora viene la parte difícil: es momento de ayudarte a sentir más sueño aumentando la presión del sueño. Durante la próxima semana no vas a poder pasar más tiempo en la cama del que realmente dormiste en la semana anterior. Si tu promedio de sueño fue de cinco horas y media, entonces esa será la cantidad máxima de tiempo que podrás estar en la cama cada noche (sí, también los fines de semana).

El sueño mejora con la regularidad. Por eso, también vas a fijar una hora concreta para levantarte cada mañana. Supongamos que decides despertarte a las 07:00. Entonces cuentas hacia atrás cinco horas y media, y eso te da una hora de acostarte: 01:30. Esa será tu hora de ir a la cama durante toda esta semana. Sí, es durísimo. Pero haz todo lo posible por seguir el horario al pie de la letra. Ahí es donde empiezan a notarse los resultados. Mantén estos nuevos horarios durante la próxima semana y sigue completando tu diario del sueño.

Paso 5. Ajusta y sigue tus horarios de cama

(Apuesto a que esta semana fue durísima. Tal vez dormiste peor que nunca. Y apostaría también a que estás odiando este tratamiento, y probablemente a mí también. Que estás agotado, irritable y con la cabeza hecha puré. Todo eso es normal. De hecho, es una señal de que lo estás haciendo bien. No te desanimes ni te rindas: va a mejorar, te lo prometo.)

Igual que antes, vas a calcular tu promedio de horas en la cama, tu promedio de horas de sueño y tu eficiencia del sueño. Probablemente esta semana hayas dormido menos aún, pero como tampoco pasaste tanto tiempo en la cama, tu eficiencia del sueño —con suerte— habrá mejorado. Supongamos que ahora dormiste un promedio de 5 horas por noche y estuviste en la cama unas 5,5 horas. Eso te da una eficiencia del sueño de aproximadamente un 91%.

Si tu eficiencia del sueño supera el 85 %, puedes aumentar tu tiempo en la cama la semana siguiente en 15 minutos: eso significa que te acostarás un cuarto de hora antes (pero mantienes la misma hora para despertarte). Si tu eficiencia es inferior al 80%, toca lo contrario: reduce 15 minutos el tiempo en la cama y te acuestas más tarde (lo sé, lo siento). Si estás entre el 80 % y el 85%, mantienes exactamente el mismo horario para la semana siguiente. Y así continúas. Poco a poco —y con un poco de ayuda del universo— vas a ir durmiendo más, pasando menos tiempo despierto en la cama, hasta que tu sueño vuelva a ser razonable. Cuando tu eficiencia se estabilice entre el 80 % y el 85 %, habrás encontrado tu tiempo de sueño óptimo.

La restricción del sueño agota, pero es muy efectiva. Los primeros días —o incluso la primera semana— pueden ser una tortura, y tal vez sigas durmiendo igual de mal que antes, con el detalle nada menor de que ahora ni siquiera puedes quedarte en la cama a descansar. Pero, con el tiempo, llega la recompensa: empiezas a dormir más y más profundamente.

Control de estímulos: levántate si no puedes dormir

Justo cuando pensabas que esto no podía ponerse peor, llega el próximo baldazo de agua fría. No solo vas a tener que pasar mucho menos tiempo en la cama. Además, si no estás durmiendo, te vas a tener que levantar.

Un niño de tres años que apoya la mano sobre un quemador caliente puede terminar con miedo a la cocina entera. El olor del perfume de tu primer beso puede hacer que se te acelere el corazón. Y en mi caso, me sobresalto al ver un limón con demasiada sal desde aquella fiesta descontrolada con tequila en casa de Linda Eriksson, allá por 1995.

El cerebro tiene una capacidad increíble para asociar emociones con lugares, personas, objetos, olores, sonidos, y prácticamente con cualquier cosa. Y la cama, o el dormitorio, no es la excepción. Quien duerme bien asocia la cama con sensaciones de calma, descanso y tranquilidad. Acostarse se convierte en una señal clara para el cerebro: es hora de dormir. Pero para quien sufre problemas de sueño y ha pasado noches enteras dando vueltas en la cama, ese mismo espacio ha empezado a asociarse con ansiedad, pensamientos repetitivos, frustración y una sensación general de desesperanza.

Ahora toca romper esa asociación negativa y volver a enseñarle al cerebro que la cama es para dormir. Y nada más.

El método es tan simple como implacable. Así es como funciona:

– Si has estado más de 15 minutos en la cama sin poder dormir, levántate. Esto vale tanto cuando te acuestas por la noche como si te despiertas en mitad de la noche y no logras volver a dormir. O si te despiertas demasiado temprano sin querer.

– Calcula esos 15 minutos lo mejor que puedas (no mires el reloj: solo vas a ponerte más nervioso). ¿Listo para seguir con la siguiente parte?

– Cuando te levantes, ve a otra habitación y haz algo tranquilo: lee, escucha un pódcast medio interesante, hojea un libro de cocina, aprende la sucesión de los reyes suecos o practica cómo dibujar árboles. Quédate allí al menos 15 minutos y hasta que empieces a sentirte un poco somnoliento otra vez. Entonces puedes volver a la cama. ¿No te duermes en quince minutos? ¡Arriba de nuevo!

– Si empiezas a preocuparte o entras en un bucle mental, la regla de los 15 minutos ya no aplica: levántate de inmediato.

– Usa la cama y el dormitorio solo cuando vayas a dormir.

– No hagas en la cama nada más que no sea dormir: nada de ver series, jugar al Call of Duty, llamar a tu abuela ni revisar el correo. Estar con alguien, sí: el sexo relaja (y, seamos honestos, no es precisamente cómodo en otros lugares).

– No importa cuántas veces hayas tenido que levantarte durante la noche: respeta tu horario de sueño, ¡sin trampas!

¿Vale la pena?

A estas alturas, ya te habrá quedado bastante claro que este tratamiento es durísimo. Así que es normal preguntárselo: ¿realmente vale la pena? Yo diría que sí, sin dudarlo. Entre pasar una temporada durmiendo fatal o pasarte la vida entera durmiendo más o menos mal, la elección es fácil. Recuerda que los problemas de sueño puntuales no representan un gran riesgo. Estamos preparados para sobrellevar bien la falta de sueño durante un tiempo corto.

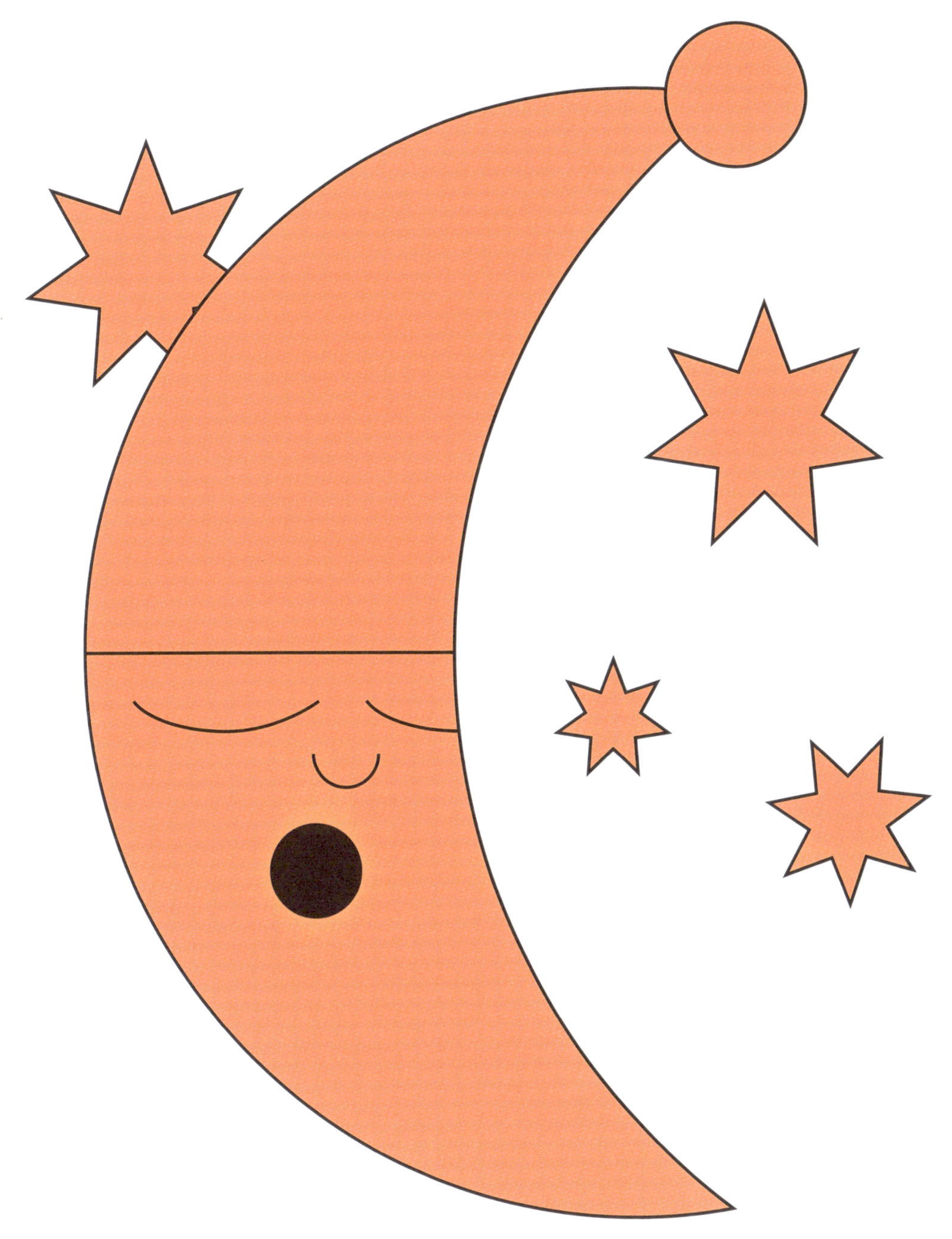

Lo que verdaderamente termina afectándonos son los problemas crónicos, los que se prolongan en el tiempo.

¿Son tus hijos los que te despiertan?

Lo siento, en este caso no hay mucho que hacer. Los niños pequeños duermen de forma irregular y, sí, te van a despertar a cualquier hora y sin previo aviso. Hay que afrontarlo con una buena dosis de paciencia y aceptación. Con el tiempo, mejora. Si tienes pareja, intentad turnaros para dormir en habitaciones separadas.

Medicamentos para dormir

A algunas personas les funcionan bien, a otras no tanto. Pero algo es innegable: solo hacen efecto mientras los estás tomando. Personalmente, te animo a dejar atrás cualquier medicación, si es que la estás tomando, y apostar en su lugar por las estrategias que acabas de conocer.

Si de todos modos vas a usar medicación para tratar problemas de sueño crónicos, intenta que sea una que tomes de forma regular y no solo «cuando lo necesites». Ese tipo de fármacos «de rescate» tienden a generar una dependencia psicológica que puede aumentar la ansiedad y el estrés. Si tienes dudas sobre la medicación para dormir, consulta con tu médico.

Buenos días, buenas noches

La noche es importante, sí, pero no te olvides del día. Cuando tienes problemas de sueño, uno acaba creyendo que necesita descansar todo el tiempo. Entonces dejas de entrenar, cancelas planes o dejas de ver a tus amigos. No lo hagas.

Intenta seguir con tus actividades, mantenerte en movimiento y hacer esas cosas que te hacen bien. Eso ayuda a calmar la ansiedad y el estrés, y además le da a tu cuerpo una señal clara de que es de día. Y si tu cuerpo entiende cuándo es de día, va a entender mejor cuándo es de noche. ¡Que duermas bien!

07

AUTOCRÍTICA

TE TRATAS MAL

Hola, ¿cómo estás?

—La verdad, no muy bien.

—Uy, ¿qué ha pasado?

—No sé ni por dónde empezar. Ayer nos avisaron que va a haber recortes en el trabajo y que algunas personas van a quedar fuera. Estoy casi seguro de que me van a despedir.

—Uf, qué difícil. Pero llevas bastante tiempo en la empresa, eso juega a tu favor. Aunque, pensándolo bien, tampoco es que seas muy bueno en lo que haces.

—Y no creo que mi jefe me tenga mucho aprecio tampoco. Nunca hubo buena onda entre nosotros.

—Eres de esas personas con las que cuesta conectar. No hay mucho que haga fácil quererte. No eres muy listo ni divertido, y eres algo torpe para lo social.

—Y si ahora me toca quedarme sin trabajo, el mercado no está precisamente para tirar cohetes. Aunque tengo experiencia.

—Sí, «experiencia». Que no es más que otra forma de decir que estás viejo, ¿no? Hay gente más joven y con más energía esperando ahí afuera. Recién graduados: brillantes, ambiciosos, atractivos. Ya me entiendes.

—Y en casa las cosas tampoco van bien. Desde hace tiempo, entre Marta y yo hay algo que no funciona. No sé bien qué pasa.

—¿Y si conoció a alguien? Leí el otro día en un artículo que ahora las mujeres son más infieles que nunca. ¡Podría ser eso!

—¿Tú crees?

—Claro, esas cosas pasan todo el tiempo.

—Bueno, está Javier, ese compañero del trabajo. Siempre me dio un poco de mala espina.

—¿Javier? ¿El alto, atractivo y simpático del que hablaste antes?

—Sí, justo ese.

—Perfecto: sin trabajo, con pocas perspectivas laborales y ahora resulta que Marta se acuesta con el encantador Javi.

—Ajá. Y, por si fuera poco, tenemos que hacerle una evaluación de salud mental a nuestro hijo Pedro. Sospechan que puede tener TDAH o Asperger.

—Eso es bastante hereditario, ¿no?

—Sí, eso dicen.

—Tampoco es que sea muy difícil adivinar de qué lado vienen esos genes problemáticos. Pensándolo bien, eso explicaría bastante esa lentitud tuya, la falta de iniciativa...

—Mmm. ¿Y qué se supone que debería hacer?

—Bueno, quedarte sentado quejándote seguramente no ayuda.

—No, supongo que no.

—Es bastante egocéntrico. Esta mañana leí sobre una familia en Australia que murió calcinada. *Eso* sí que son problemas.

—Sí, quizá sea una tontería quejarme.

—No solo una tontería: también es poco atractivo. Verte aquí, lamiéndote las heridas, es deprimente.

—Ajá.

—Y ese bollo, por cierto.

—¿Qué pasa con el bollo?

—¿De verdad te lo vas a comer?

—¿Por qué lo dices?

—Estoy pensando en tu cuerpo. En cómo está empezando a tomar forma de torpedo.

—¿Torpedo?

—Sí, ya sabes: estrecho en los extremos y redondo en el medio. Como una foca. ¿Nunca lo habías notado?

—No, pero, ahora que lo dices..., debería comer menos.

—Mucho menos.

—Y hacer más ejercicio.

—Mucho más.

—Sí, tengo que ponerme en marcha.

—Tampoco es tan difícil entrenar un poco, ¿no? Todo el mundo lo hace.

—Totalmente. Bueno, me tengo que ir.

—Sabes que lo digo porque quiero ayudarte, ¿no?

—Sí, claro. Siempre es un placer hablar contigo.

—Avísame si necesitas charlar de algo. ¡Estoy aquí para lo que sea!
—Gracias, hablamos pronto.

Así puede sonar una conversación entre alguien que se siente mal y un amigo, cuando lo que necesita es apoyo. Un amigo *horrible*, por cierto. Tan increíblemente malo que cuesta creer que exista una amistad o una charla así entre dos personas reales.

Cuando alguien que nos importa lo está pasando mal, no se nos ocurre criticarlo ni machacarlo. Al contrario: sentimos compasión y nos nace ofrecer apoyo, ánimo y cuidado.

Pero lo cierto es que todos tenemos a alguien en nuestra vida que parece carecer por completo de empatía: un crítico implacable, con cierta tendencia psicopática, que se empeña en hundirnos justo cuando más lo necesitamos. Nosotros mismos. No solemos darnos cuenta, pero muchas veces nos hablamos de una forma que jamás usaríamos con otra persona. Si lo hiciéramos, probablemente podrían denunciarnos por maltrato psicológico.

Cuando la vida se complica y enfrentamos dificultades, fracasos o simplemente nos sentimos mal, esa voz interna se vuelve aún más afilada y crítica. Señala errores, insiste en nuestros fallos, pasa por alto lo que sentimos y minimiza nuestros problemas y nuestro dolor.

Si profundizamos en el tema, vemos que muchas personas creen que tratarse con amabilidad las volverá flojas, perezosas, egocéntricas o pasivas. Por eso prefieren mantener un tono duro y castigador consigo mismas, como forma de motivarse y seguir adelante. Nada de andarse con tonterías.

El látigo no motiva

Cada vez más estudios señalan que esa voz implacable que llevamos dentro no ayuda en absoluto. De hecho, la autocrítica se asocia con más estrés, ansiedad, bajones emocionales y un estado de ánimo bastante sombrío. Si lo piensas, no es tan raro. No resulta muy alentador tener a un pequeño fascista perforándote el cerebro todo el día, siempre listo para aplastarte con sus

comentarios furiosos. La idea de que necesitamos castigarnos para avanzar, o que la crítica constante es una forma de motivación, simplemente no se sostiene, a menos, claro, que vivas en un internado inglés en 1920.

De hecho, hay muchísimos estudios que apuntan exactamente a lo contrario. La recompensa gana por goleada frente al castigo como motor de motivación, con diferencia. Un entorno seguro, acogedor y donde nos sentimos valorados genera mucho más deseo de hacer cosas. Se ha demostrado que es uno de los factores más importantes tanto para el aprendizaje en la escuela como para tener éxito en el trabajo.

La autocrítica te bloquea

Las quejas, las críticas y los insultos hacia uno mismo generan obstáculos. Activan el sistema de amenaza del cuerpo, que desvía el flujo sanguíneo hacia los grandes grupos musculares —brazos y piernas— y lo aleja de los lóbulos frontales del cerebro. En resumen: nos volvemos un poco mejores para escapar de osos *grizzly*, pero bastante peores para cualquier cosa que requiera pensar con claridad.

No sé cómo será en tu caso, pero una parte diminuta de mis problemas tiene que ver con osos *grizzly*. Lo que sí tengo son *deadlines* en el trabajo, reuniones con clientes, hipotecas con letra pequeña, niños que de repente odian los gorros, facturas de la tarjeta y una batalla interminable por ganarle a mi amigo Guillermo —que es un poco más listo que yo— en el Scrabble. Cosas que requieren planificación, capacidad para resolver problemas, creatividad y concentración para alcanzar objetivos. Si tus desafíos se parecen aunque sea un poco a los míos, entonces los pensamientos autocríticos y estresantes no son para nada útiles. Y aun así lo seguimos haciendo. Nos criticamos, nos atacamos con insistencia. Si pudiéramos ir con nosotros mismos a terapia de pareja, probablemente nos recomendarían terminar la relación. Pero, para bien o para mal, no podemos dejar de convivir con quienes somos, así que más vale trabajar para que esa relación funcione lo mejor posible.

Haz lo contrario. Es hora de empezar a tratarte con más amabilidad.

HAZ LO CONTRARIO: TRÁTATE COMO TRATARÍAS A QUIEN AMAS

Vamos a hablar de autocompasión. Cuando se menciona el concepto, no es raro encontrarse con cierta desconfianza. ¿Qué es esta cursilería mística de autoayuda con olor a incienso? ¿Se supone que ahora tengo que andar por la vida acariciándome el alma y sintiendo pena por mí mismo?

No, no me refiero a eso. Lo que quiero decir, simplemente, es que te trates con la misma amabilidad y respeto con los que tratas a las personas que te importan. Después de todo, no parece una petición tan descabellada, ¿no?

¿Necesitas argumentos más concretos? Pues bien, los estudios muestran que la autocompasión se asocia con menores niveles de ansiedad, tristeza, pensamientos repetitivos y miedo al fracaso, y con mayores niveles de bienestar, optimismo, curiosidad, iniciativa, una imagen corporal más positiva, motivación para rendir mejor y mayor resiliencia ante crisis o situaciones difíciles. No suena nada mal, ¿verdad?

La autocompasión, en el fondo, consiste en tratarte con amabilidad. Como tratarías a una buena amiga o amigo, sin importar las circunstancias. Y para que se entienda mejor a qué nos referimos con este concepto, voy a empezar por aclarar qué *no* es.

La autocompasión no es sentir pena por ti

Sentir lástima por uno mismo es autocompadecerse de manera exagerada. A veces puede resultar tentador revolcarse en la propia miseria, pero no es precisamente útil. Esa actitud suele venir acompañada de la sensación de que la vida es injusta, de pensamientos como «soy una víctima de circunstancias fuera de mi control» o «nadie me entiende». Y eso nos lleva a encerrarnos en nosotros mismos y a distanciarnos de los demás.

Cuando queremos apoyar a alguien que queremos, que lo está pasando mal, no nos sentamos a sentir lástima por él. Eso sería casi condescendiente. Tampoco insistimos una y otra vez en lo injusta o inmerecida que es su situación (aunque lo sea). Lo que hacemos, más bien, es mostrarle que entendemos lo que siente, que todos pasamos por momentos difíciles y que no está solo.

La autocompasión no es egocentrismo

Ser amable contigo mismo no tiene nada que ver con ser egocéntrico. El egocentrismo roza lo narcisista: una autolatría y la incapacidad de ver más allá de las propias emociones y necesidades. Si quisiéramos ayudar a un amigo desde ese lugar, sería como recibirlo con admiración desmedida, diciéndole que sí a todo sin cuestionarlo. Pero nadie que realmente quiera el bien de alguien actúa así. A veces necesitamos que nos cuestionen, que nos llamen la atención, incluso que nos digan verdades incómodas. Una buena amistad también es eso: cuidar diciendo lo que hace falta.

La autocompasión no es autoengaño

Tener autocompasión no significa engañarte ni convencerte de que la vida es fácil cuando en realidad es difícil, ni fingir que los problemas no existen o que no merecen ser tomados en serio. Tampoco tratarías así a un amigo que necesita tu apoyo.

Minimizar lo que pasa, hacer como si nada o esconder los problemas bajo la alfombra no es una forma de cuidar; al contrario, es una señal de que no queremos —o no podemos— comprometernos con lo que duele.

La autocompasión no es lo mismo que la autoestima

La autoestima es uno de esos conceptos que nadie tiene del todo claro, pero sobre el que todo el mundo coincide en que es fundamental. En resumen, se refiere a nuestro propio sentido de valía, a sentirnos únicos y valiosos. Y sí, por supuesto que eso es importante.

Durante los años 80 y 90, la noción de autoestima estuvo muy de moda (especialmente en California, epicentro de muchas corrientes de psicología popular en torno a la autoestima en esa época), donde el interés por el *self-esteem* surgió primero en la psicología académica y luego se extendió al resto de la sociedad. Los primeros estudios mostraban una fuerte relación entre autoestima y éxito: se creía que una autoestima alta iba de la mano con un mejor rendimiento, mientras que una autoestima baja estaba asociada con peores resultados y mayores dificultades en la vida.

La conclusión a la que se llegó fue que no había nada más importante que elevar la autoestima de las personas, tanto por su propio bien como por el bien de la sociedad. Estas ideas calaron especialmente en el ámbito educativo. Algunas escuelas llegaron a prohibir los bolígrafos rojos por miedo a que el color dañara la autoestima de los niños. Otras instalaron espejos con frases como: «Ahora mismo estás mirando a alguien verdaderamente único en el universo».

Pero, a pesar de todos los esfuerzos y las buenas intenciones, los resultados no parecían llegar. Más adelante se hizo una revisión más rigurosa de la investigación, que mostró que el vínculo entre autoestima y éxito sí parecía fuerte, pero en dirección contraria. Las personas que obtenían buenos resultados tendían a desarrollar una autoestima más alta porque iban subidos a la ola de sus propios logros, mientras que quienes lo tenían más difícil —en la escuela, en trabajos mal pagados o en prisión— solían tener una autoestima más baja, moldeada por sus propias circunstancias.

Parece, entonces, que nuestra autoestima depende en gran medida de lo bien que nos va y de cómo nos comparamos con los demás. Y eso es problemático por varios motivos. Por un lado, puede llevarnos a una obsesión poco saludable con el rendimiento. Por otro, no es un estado estable. La vida sube y baja —muchas veces por cosas que no podemos controlar—, y eso termina afectando el valor que nos damos a nosotros mismos. Pero no pensamos así cuando se trata de nuestros amigos. Claro que celebramos sus logros, pero no los dejamos de querer cuando las cosas les van mal o se meten en un lío. Eso sería ser un muy mal amigo. La autoestima: está bien tenerla, pero es arriesgado convertirla en objetivo.

Sé tu mejor amigo

Tener autocompasión no significa darte lástima, ni ser egocéntrico, ni engañarte, ni valorarte solo en función de lo que logras o produces.

Se trata, más bien, de dejar de evaluarnos todo el tiempo, y, sobre todo, de dejar de hacerlo en términos de «bueno» o «malo». Tener autocompasión es aceptarnos tal como somos, con todo lo bueno y lo no tan bueno que viene en el paquete, y tratarnos con amabilidad y consideración. La autocompasión nos ayuda a atravesar emociones difíciles cuando las cosas no salen como queremos, cuando fallamos o cuando vemos en nosotros algo que no nos gusta.

La autocompasión, paso a paso

Mostrar compasión hacia otros cuando lo están pasando mal es algo que nos sale de forma bastante natural e instintiva a la mayoría. Tan natural que quizá ni siquiera sabemos muy bien *cómo* lo hacemos. Precisamente porque no nos resulta tan fácil tener compasión por nosotros mismos, conviene desmenuzarla y mirar en la práctica cómo funciona realmente.

Piensa en la última vez que hablaste con una buena amiga que estaba atravesando un momento difícil y necesitaba apoyo. Apuesto a que, con tus propias palabras, lo que transmitiste fue algo más o menos así:

Cuéntame cómo estás

El primer paso para tener y mostrar compasión es reconocer que hay sufrimiento, que algo duele o incomoda. Se trata de abrir espacio para lo difícil, permitir que eso tenga lugar sin rechazarlo ni salir huyendo.

Entiendo de verdad que esto te debe estar resultando durísimo

El segundo paso consiste en dejarse tocar, en conectar emocionalmente con la persona que tenemos delante y sintonizar con lo que está viviendo.

Dime qué puedo hacer

Esa sensación que nace en nosotros —la compasión— despierta el cuidado y el deseo de ayudar. Quizá ponemos una mano amable sobre el hombro de la otra persona o le damos un abrazo.

No seas tan dura contigo. Eso le podría haber pasado a cualquiera

En lugar de juzgar, ofrecemos amabilidad y comprensión.

«Es duro ser humano.»
– August Strindberg, *Un sueño*

No eres la primera, y no serás la última

También transmitimos que la persona no está sola ni aislada en su sufrimiento, sino que el dolor, las decepciones, los fracasos y el no ser perfectos son cosas con las que todos los seres humanos lidiamos.

Dirige la compasión hacia ti

La autocompasión consiste en tratarte a ti mismo del mismo modo en que tratarías a otro cuando la vida se vuelve difícil y estás lidiando con emociones complejas. En resumen, tanto la compasión como la autocompasión giran en torno a tres elementos clave:

Presencia

En lugar de reprimir lo que duele, haces una pausa y reconoces que lo que estás sintiendo es difícil. Aceptas que esas emociones y pensamientos están ahí, y les das espacio sin juzgarlos ni evaluarlos.

Humanidad compartida

Tomar distancia de uno mismo y recordar que nadie es perfecto, que el dolor y el sufrimiento forman parte de lo que significa ser humano, y que eso es algo que nos une a todos.

Amabilidad

Cuidarte y ser bondadoso contigo mismo cuando la vida se pone difícil. Preguntarte cómo podrías darte apoyo, en lugar de criticarte.

Ejercicio 1. Pausa con autocompasión

Esta es una práctica sencilla en tres pasos que incluye los elementos que acabamos de ver. Puedes usarla cuando estés atravesando algo difícil o simplemente para entrenarte en el arte de tratarte con compasión.

1. PRESENCIA

Dite algo como:

—Esto es difícil.

—Esto me está estresando de verdad.

—Qué fastidio.

2. HUMANIDAD COMPARTIDA

Si te resulta natural, puedes poner una mano sobre el pecho o el hombro. Y si no, no pasa nada. Ahora dite algo como:

—No soy la primera persona a la que le pasa esto.

—Todo el mundo lidia con sus propios problemas.

—Hay muchas personas sintiéndose así ahora mismo.

3. AMABILIDAD

Dite algo como:

—Intenta ser amable contigo.

—No te castigues más.

—Tranquilo, está bien.

No hace falta mucho más que esto para practicar un poco de autocompasión en la vida cotidiana.

Ejercicio 2. Escríbete una carta

Hay muchas formas de ser amable contigo mismo. Este ejercicio es para ti si hay algo que te está pesando, algo que te cuesta en este momento, que te genera estrés o que despierta críticas hacia ti mismo.

Siéntate frente al ordenador o toma papel y lápiz. Imagina a un buen amigo tuyo, de esos que te conocen bien, que se preocupan por ti y que te aceptan tal como eres.

Ahora escribe un correo o una carta dirigida a ti mismo, como si viniera de ese amigo. ¿Qué te diría sobre eso que te está pesando y sobre la forma en que estás pensando o hablándote a ti mismo? ¿Cómo te mostraría compasión y aceptación? ¿Cómo te recordaría que eres humano y que todos lidiamos con problemas y fallos? ¿Cómo expresaría su amabilidad hacia ti?

Lee lo que escribiste un par de veces y deja que las palabras se asienten. Si escribiste un correo, pulsa enviar. Así recibirás una dosis extra de autocompasión la próxima vez que abras tu bandeja de entrada.

Ejercicio 3. El día de la amabilidad

Si te cuesta ser compasivo contigo mismo, empieza entrenando con los demás. Decide que hoy vas a hacer todo lo posible por ser amable con cada persona que te cruces (y, con un poco de suerte, contigo también), pase lo que pase. Intenta tener gestos compasivos con todos, desde tus hijos gritones y tu exhausto colega hasta ese pasajero maleducado del autobús.

Presta atención a la autocrítica

La autocrítica es como el pensamiento rumiante: la tenemos tan incorporada que muchas veces ni siquiera notamos que está ahí. Para detectarla, haz una pausa de vez en cuando y fíjate en si estás diciéndote cosas duras. Pregúntate: ¿Esto que acabo de decirme se lo diría a un amigo? ¿Cómo suena cuando lo digo en voz alta?

Si te das cuenta de que estás usando un tono injusto contigo, intenta verlo tal como es: pensamientos duros. Y los pensamientos no son verdades, aunque a menudo creamos que sí.

Un recurso simple y eficaz para recordarte esto es anteponer la frase «estoy creyéndome el pensamiento de que...» antes de una crítica dura. Por ejemplo, si piensas algo como «soy un completo idiota», reformúlalo como: «me vino el pensamiento de que soy un completo idiota». Este pequeño añadido suele ayudar a tomar algo de distancia frente a la autocrítica, y a recordarte que es solo el fascista interno el que está otra vez dale que dale.

Para acordarte de hacer una pausa y revisar lo que estás pensando, puedes ayudarte con las cosas que te rodean. Pon recordatorios en el móvil, dale la vuelta al cuadro de la entrada, coloca el rollo de papel higiénico al revés, cambia el reloj de muñeca o cualquier otra cosa que te haga reaccionar y preguntarte: ¿Me estoy tratando como un imbécil ahora mismo? Y si la respuesta es sí, entonces lo que toca es un poco de autocompasión.

¡Relájate un poco!

Si un amigo llega al borde del llanto contándote que lo acaban de dejar, no lo mandarías enseguida a una cita a ciegas. Si te dice que lo echaron del trabajo, no lo subirías a un taxi directo a la oficina de empleo. Sabes que habrá un momento para que se ponga en acción y resuelva sus problemas, pero primero necesita procesar lo que le está pasando.

Pero cuando se trata de nosotros mismos, solemos reaccionar distinto: nos ponemos enseguida en modo solución. Es el estrés el que habla. El estrés alto nos vuelve activos, sí, pero no nos deja reflexionar con calma. Y eso nos lleva a actuar sin mucha claridad.

A un amigo, en cambio, le diríamos: «Ven a casa, recuéstate en el sofá. Yo preparo la cena.» Eso no solo es compasivo, también es inteligente: le da la oportunidad de calmarse, ordenar sus ideas y tomar perspectiva. Y eso, a su vez, facilita tomar decisiones sensatas.

Tú no eres la excepción. La próxima vez que la vida te lance un problema en plena cara, intenta tratarte con un poco de autocompasión. Haz algo amable por ti.

¿Todavía no te convence?

¿No logras sacarte de encima la sensación de que ser amable contigo es una tontería? No empieces a criticarte por eso también.

Parece que los seres humanos estamos cableados por la evolución para evaluarnos con dureza. Probablemente, eso nos ayudó a estar alertas en un mundo donde un pequeño error podía tener consecuencias graves. No estás solo. Es completamente normal. Lo cual, por supuesto, no significa que sea deseable. Las caries también son naturales. Sigue intentando practicar la autocompasión. Tal vez tú seas quien más la necesita.

08

¡PONTE EN MARCHA!

TE CONFORMAS CON TERMINAR EL LIBRO

Has llegado hasta el último capítulo. Y es fácil pensar: «Bueno, hasta aquí. Me llevo algunas ideas y a ver si algo cambia». Pero si te detienes en este punto, lo más probable es que no cambie nada. La teoría es importante: orienta, ayuda a no desviarte. Pero leer un libro, al final, es la parte fácil. Cuando se trata de cambiar de verdad, casi todo depende de hacer. Y eso es lo difícil. Porque es raro, incómodo, da miedo y frustra.

Tampoco hay un verdadero final. Como psicólogo, a veces me encuentro con personas que creen —y esperan— que sus problemas funcionan como una fractura o una apendicitis: algo que se soluciona con una intervención drástica y se termina para siempre. Algunos tienen la esperanza de que haya algo oculto dentro de ellos, algo que descubrir o revelar, y que eso lo cambie todo de golpe, como por arte de magia. Nunca he visto que funcione así en la vida real.

Una mejor comparación sería el entrenamiento de fuerza o de resistencia. No vas a estar en forma con una sola sesión ni con una técnica milagrosa. Requiere práctica constante. Y el trabajo, en realidad, nunca se termina.

Lo mismo pasa con los temas que trata este libro. Y hay más analogías con el entrenamiento que vale la pena mencionar. Si nunca has entrenado y empiezas de cero, es probable que notes cambios bastante rápido. Una vez que alcanzas una base mínima de fuerza, ya no hace falta el mismo esfuerzo para mantenerla. Con las estrategias de este libro suele pasar lo mismo, y eso, por suerte, es un alivio.

Al igual que ocurre con el ejercicio físico, el comienzo —cuando todavía no estás acostumbrado— puede ser lo más desalentador. Es fácil toparte con obstáculos. Por eso este último capítulo se centra en cómo lograr un cambio real. Vas a encontrar consejos y estrategias que pueden ayudarte a empezar, a motivarte y a que el proceso sea un poco más llevadero.

Aun así, no puedo prometerte que cambiar vaya a ser fácil. Casi nunca lo es. Pero si lo consigues, casi me atrevería a prometerte que habrá valido la pena. Del otro lado te espera una vida probablemente más amable, más rica, más libre. Tú decides: ¿vas a poner el libro en la estantería o vas a hacer lo contrario?

HAZ LO CONTRARIO: DA EL PASO Y ANÍMATE AL CAMBIO

Motivación y dudas

Cambiar implica renunciar a algo para conseguir otra cosa. Y, en general, a los seres humanos no nos gustan los cambios. Tampoco nos gusta correr riesgos. Casi siempre preferimos un resultado conocido y seguro antes que uno nuevo e incierto, incluso si ese nuevo escenario pudiera ser mucho mejor.

Eso hace que muchas ideas de cambio nunca lleguen a concretarse. Pero cuando esa idea persiste y empezamos de verdad a sopesar pros y contras, suele decirse que hemos llegado a una fase de ambivalencia. Y eso, en general, es una señal de que estamos abiertos —y tal vez listos— para cambiar.

Si estás en ese punto, te animo a que explores más a fondo tus dudas. Una manera de hacerlo es poner en palabras lo que estás pensando y sacarlo de tu cabeza. Aquí van dos formas posibles:

1. Habla con alguien de confianza

Con suerte, tienes cerca a alguien que te aprecia de verdad. Un buen amigo que quiere lo mejor para ti y con quien puedes intercambiar ideas. Idealmente, debería ser una persona abierta, que no te juzgue, que entienda que estamos hablando de tu vida, y que no intente imponerte sus propias creencias.

En mi caso, esa persona se llama Totte y es genial para pensar en voz alta y dar vueltas a las cosas. La tuya seguro que tiene otro nombre, pero eso no importa. Lo importante es que hables con esa persona y pongas a prueba tus argumentos a favor y en contra.

Hablar con otra persona suele ser muy valioso, porque por más listos, lúcidos (o formados en psicología) que seamos, nos cuesta mucho mirarnos con perspectiva. Es un poco como tener la nariz pegada al espejo e intentar vernos. Además, algo cambia cuando decimos en voz alta esas cosas que antes solo habíamos pensado. Si no tienes a alguien así en tu vida, prueba a agendar una conversación con un psicólogo.

2. Haz una lista de pros y contras

Lo que viene a continuación es una matriz para tomar decisiones. Aunque suene sofisticado, no es más que una lista de pros y contras. Poner tus ideas por escrito es otra forma de volver más concretos tus pensamientos y ver todo con más claridad que si se queda solo dando vueltas en tu cabeza.

Lo que vas a explorar son los pros y contras de seguir como estás ahora, frente a los de hacer un cambio. En el ejemplo, puedes ver cómo se plantea esto en el caso de alguien que está considerando probar el (nada fácil) tratamiento del sueño del capítulo 6.

1. Beneficios de la situación actual

Al menos duermo unas horas.
Puedo quedarme en la cama y descansar todo lo que quiera.
Me gusta ver la tele en la cama.

2. Desventajas de la situación actual

Nunca me siento realmente despierta.
Si sigo así, podría afectar mi salud.
A menudo estoy de mal humor.
Me cuesta más ser una madre cariñosa.

3. Desventajas de hacer un cambio

Existe el riesgo de que, al principio, duerma aún peor.
Llevar un diario del sueño suena agotador.
No tengo claro si realmente va a funcionar.

4. Beneficios de hacer un cambio

Podría volver a dormir bien.
Ya no tendría que preocuparme por mi salud.
Podría dejar las pastillas para dormir.
Sería una madre y una pareja más presente.

Cuando hayas anotado todos los pros y contras que consideres relevantes, léelos con calma y reflexiona. ¿Descubriste algo nuevo que antes no habías visto? ¿Encuentras más —o mejores— razones en lo que describe tu situación actual o en lo que implica hacer un cambio? ¿Hay algo que ahora ves con otros ojos? ¿Te sientes un poco más motivado? Tal vez valga la pena mostrarle lo que escribiste a alguien de confianza, para obtener otra perspectiva.

Tus pros y contras, por supuesto, son únicos: dependen de tu situación y de aquello que estás considerando cambiar. Pero, por experiencia en consulta, te diría que los argumentos para quedarse en la situación actual suelen tener que ver con el miedo al malestar a corto plazo y con la incertidumbre que genera probar algo nuevo.

Entre los argumentos para dar el paso y animarse al cambio, suele haber sueños sobre el futuro y la esperanza de una vida distinta, conectada con tus valores más importantes. ¿Es tu caso? Pregúntate si vas a dejar que el miedo a un malestar pasajero, aquí y ahora, se interponga en el camino hacia la vida que realmente querrías vivir.

Valores: levantar la mirada

Cuando se habla de cambio, normalmente se pone mucho énfasis en los objetivos. Y eso es importante (ya vamos a profundizar en ello enseguida).

Pero antes de que empieces a definir qué vas a hacer, quizá valga la pena detenerte un poco más en el porqué. Y eso nos lleva a tus valores.

Un valor es una convicción personal, un principio o una idea que refleja quién eres, en qué crees o qué te importa realmente en la vida. A diferencia de los objetivos, los valores no se «cumplen» ni se tachan de una lista. Se parecen más bien a una brújula que nos orienta en la dirección correcta. En general, las personas nos sentimos bien cuando lo que hacemos está alineado con ellos. En cambio, cuando nuestras acciones entran en conflicto con nuestros ideales, solemos experimentar malestar e incomodidad.

Si nos detenemos a pensar en nuestros comportamientos cotidianos, muchos de ellos están ligados a valores. Si no consideramos importante vivir de forma sostenible (valor), probablemente estaremos menos motivados para ir al punto de reciclaje (comportamiento). Si no valoramos en absoluto estar sanos, fuertes o vernos bien (valores), seguramente nos cueste mucho más salir a correr (comportamiento). Sabemos que nunca vamos a alcanzar la perfección en términos de sostenibilidad o forma física —por desgracia—, y aun así seguimos esforzándonos en esa dirección.

Para mí, no hay tortura más grande que ir a un parque infantil en pleno invierno. Pero como valoro que mis hijos salgan y se muevan, ahí estoy, helado y satisfecho.

Los valores nos motivan y nos ayudan a mantener el rumbo. Cambiar de comportamiento exige mucho, y la tentación de rendirse y volver a los viejos hábitos siempre está al acecho. Por eso es de gran ayuda aclarar cuáles son nuestros valores, es decir, el propósito más profundo detrás del cambio.

Los valores son personales, y así debe ser. Si no vienen de nosotros mismos —si no reflejan lo que realmente pensamos o queremos—, no nos van a motivar a cambiar. Una misma conducta puede tener un significado completamente distinto para cada persona. Reducir el estrés laboral, por ejemplo, puede significar para alguien proteger sus relaciones, mientras que para otra persona se trata de rendir mejor y crecer profesionalmente. Abordar los problemas de sueño puede tener que ver, en un caso, con ser un padre o madre más presente; y en otro, con mejorar el aspecto de la piel.

A veces no tenemos del todo claro por qué es importante para nosotros hacer un cambio. Por eso, aquí te propongo un ejercicio para que te detengas y reflexionar sobre eso. Lo tomé prestado de un libro excelente que se llama *Tio i tolv* [Diez para las doce], y que trata justamente sobre cómo generar cambios de comportamiento.

Ejercicio: ¿Por qué tu cambio es importante?

Describe el cambio que te gustaría hacer.

EJEMPLO: *Quiero trabajar menos y vivir con menos estrés.*

¿Por qué es importante para ti?

EJEMPLO: *Porque quiero pasar más tiempo con mi pareja y nuestros hijos, y estar de mejor humor.*

¿Por qué es importante para ti?

EJEMPLO: *Porque creo que la relación con mi pareja y con los niños se fortalecería si tuviéramos más tiempo de calidad juntos.*

¿Por qué es importante para ti?

EJEMPLO: *Porque quiero que mis hijos puedan mirar atrás y sentir que estuve presente en su infancia. Y porque deseo tener una relación cercana con mi pareja, con más intimidad, más conversaciones y más sexo.*

¿Por qué es importante para ti?

EJEMPLO: *Porque quiero ser una madre amorosa para mis hijos y una pareja presente, cariñosa y agradecida.*

¿Por qué es importante para ti?

EJEMPLO: *Porque me siento bien y a gusto conmigo misma cuando demuestro amor y aprecio a las personas que tengo cerca, y recibo amor de vuelta.*

¿Por qué es importante para ti?

En el ejemplo anterior, la persona llega a ver que su deseo de reducir el estrés está profundamente ligado al amor por su familia.

En sus respuestas aparecen varios valores clave:

Quiero ser una madre amorosa.
Quiero que mis hijos sientan que estoy presente en sus vidas.
Quiero ser una compañera cariñosa y agradecida.
Quiero vivir una relación con intimidad, buena comunicación y deseo.
Quiero ser alguien que muestra amor y aprecio a las personas que tiene cerca.

La protagonista del ejemplo se da cuenta de que ese deseo —en apariencia simple— de trabajar menos y estresarse menos en realidad está conectado con algo profundamente importante. ¿Crees que eso puede aumentar la motivación para cambiar? Yo creo que sí. Y si tú también lo crees, date un momento para pensar por qué es importante el cambio que quieres hacer, e intenta poner en palabras los valores que hay detrás.

Mis valores

A la hora de poner en palabras tus valores, no hay una forma correcta o incorrecta de hacerlo. Lo importante es que sea verdadero y significativo para ti, y que represente algo hacia lo que puedas orientarte, aunque nunca se «termine» del todo. Puedes inspirarte en el ejercicio anterior o reflexionar con total libertad.

Valores que impulsan el cambio

____
____
____
____
____
____
____
____

La importancia de tener un plan

Ya sabes qué quieres cambiar, sabes por qué es importante y estás listo para dar el primer paso. Una vez que tomas la decisión, contar con estructura y un plan te va a ayudar mucho a llegar a donde quieres. Definir objetivos claros y realistas es una buena forma de avanzar.

Cuando recibo a nuevos pacientes en terapia y les pregunto qué quieren lograr con su proceso, muchas veces lo expresan en forma de una emoción. Quien está deprimido quiere sentirse alegre. Quien vive estresado quiere recuperar la calma. Quien lucha con la ansiedad y la preocupación quiere sentirse en paz.

Una de las ventajas de los objetivos es que se pueden alcanzar y tachar de la lista. Por eso, los objetivos centrados en emociones no suelen ser tan útiles. Las emociones son inestables: suben, bajan, cambian, y así es como deben ser. Eso las convierte en una brújula poco confiable para orientarnos. Tener como objetivo «ser feliz», por ejemplo, es algo difuso y poco concreto. ¿En qué momento se puede decir que se logró? Puedes sentirte feliz una semana y estar triste a la siguiente, según lo que pase en tu vida. Pero como el deseo de sentirse mejor —de una u otra forma— suele ser la esperanza general detrás de muchos procesos de cambio, a veces les propongo a mis pacientes que se detengan y escriban unas líneas sobre cómo les gustaría experimentar su vida en el futuro.

Para alguien que se siente estresado y agotado, podría sonar así:
Quiero dejar de sentir que vivo corriendo contrarreloj, estar menos irritable y convertirme en una madre más alegre y presente.

Alguien que está trabajando su ansiedad podría expresarlo así:
Quiero poder soltar los pensamientos de preocupación, sentir menos angustia y miedo, y dormir mejor por las noches.

Si lo que se quiere es mejorar una relación de pareja, podría expresarse así:
Quiero sentir más cercanía e intimidad con mi pareja, y disfrutar de una convivencia más alegre y positiva.

Si te resuena, te animo a que escribas también unas líneas sobre cómo te gustaría sentirte y cómo querrías experimentar tu vida en el futuro. No vas a obtener una guía concreta para avanzar, pero puede servirte como recordatorio en los momentos difíciles del proceso de cambio, cuando necesites volver a conectar con el motivo por el que estás luchando. Podemos llamarlo tu objetivo emocional.

Mi objetivo emocional:

Objetivos

Es momento de definir tus objetivos. Un buen objetivo es concreto, marca un camino claro y te permite saber con exactitud cuándo lo has alcanzado. Los buenos objetivos se centran en tu comportamiento, en tus acciones, sobre las que tienes un alto grado de control. Rara vez hay dudas sobre si has hecho algo o no. Para que tus objetivos te resulten realmente útiles, hay algunos aspectos más que conviene tener en cuenta.

¿Empezar a hacer ejercicio o seguir en modo sofá?

Los objetivos de cambio suelen dividirse en dos categorías: objetivos de acercamiento y objetivos de evitación. Los primeros se enfocan en cosas que quieres empezar a hacer o hacer con más frecuencia. Los segundos, en lo que quieres dejar de hacer o reducir.

Ejemplos de objetivos de acercamiento:
Empezar a hacer ejercicio, hacer preguntas en las reuniones de los lunes, pasar más tiempo con mis hijos.
Ejemplos de objetivos de evitación:
Pasar menos tiempo en redes sociales, dejar de esconderme en las reuniones de los lunes, estar menos estresado.

Los objetivos de acercamiento suelen ser más útiles que los de evitación. Si comparas los ejemplos de antes, verás que los objetivos de evitación no te dan suficiente orientación sobre qué hacer, solo te dicen lo que no deberías hacer. En cambio, los de acercamiento te impulsan a actuar de forma concreta.

Muchas veces formulamos nuestros objetivos como metas de evitación: trabajar menos, comer menos comida basura, no estresarme, dejar de comprar por internet. Pero si quieres tener más posibilidades de avanzar, lo mejor es convertir esos objetivos en metas de acercamiento. Reformula lo que quieras evitar en términos de lo que sí te gustaría hacer. Una buena manera de pensarlo es así: ¿Qué me gustaría hacer en lugar de pasar horas navegando sin sentido? O: ¿Qué haría si me sintiera menos estresado?

Aquí van algunos ejemplos de objetivos de evitación reformulados:

Objetivo de evitación	Objetivo de acercamiento
Trabajar menos	Tomar una pausa de almuerzo de 60 minutos cada día
Comer menos comida basura	Comer tres vegetales al día
No estresarse	Caminar al trabajo
Dejar de comprar por internet	Separar un porcentaje fijo del sueldo mensualmente

Piensa en SMART

SMART es un acrónimo en inglés que se usa mucho para definir buenos objetivos. Cada letra representa una característica clave que ayuda a que el objetivo sea más claro, útil y alcanzable.

- S (Specific): Específico
- M (Measurable): Medible
- A (Attractive): Atractivo
- R (Realistic): Realista
- T (Time-bound): Con plazo

Específico

Si nuestros objetivos están formulados de manera demasiado general, no resultan muy útiles. Aquí van dos ejemplos relacionados con el ejercicio físico:

- *Hacer más ejercicio*
- *Hacer entrenamiento de fuerza a la hora del almuerzo los martes y jueves*

Como ves, la primera formulación es vaga y general. No nos da mucha orientación sobre qué hacer ni cómo avanzar. Tampoco es fácil saber cuándo habríamos alcanzado ese objetivo. La segunda, en cambio, es mucho más específica: no deja lugar a dudas sobre qué hay que hacer ni cuándo. Por eso, formula tus objetivos de manera que sean lo más específicos posible.

Medible

Cuando un objetivo se puede medir, se vuelve mucho más útil y orientador. *Salir de la oficina todos los días a las 17:00* es un objetivo medible. En cambio, *trabajar menos* es demasiado vago y no nos da la misma claridad. ¡Asegúrate de que tus objetivos sean medibles!

Atractivo

Trabajar en un cambio personal es algo difícil, agotador y muchas veces frustrante. Para lograrlo, necesitamos sentir motivación. Si el objetivo no es algo que realmente tengas ganas de alcanzar, hay muchas probabilidades de que no lo consigas. Por eso, no suelen funcionar los objetivos impuestos por otros o que persigues solo porque «se supone» que deberías. Tus metas tienen que ser atractivas para ti.

Realista

Nunca más voy a tener una mala noche de sueño. Nunca más voy a tener un pensamiento de preocupación. Voy a hacerle a mi pareja 75 cumplidos por día. Ya te haces una idea, ¿no? Plantearte objetivos imposibles o muy poco probables de lograr es la receta perfecta para matar la motivación. Y si no se puede, ¿para qué intentarlo? Pero poner el listón demasiado bajo tampoco ayuda. La clave está en encontrar un punto medio: que tu objetivo sea alcanzable, pero que también te desafíe un poco.

Con plazo

Si no le ponemos una fecha o un plazo a nuestro objetivo, es muy probable que no empecemos nunca a trabajar para alcanzarlo, o que nunca lo concretemos. *Algún día voy a dar un discurso para un amigo* es un objetivo vago y pasivo, en contraste con *Voy a dar un discurso para mi amigo Bonny cuando se case, el 23 de agosto*.

Nota: No todos los objetivos pueden cumplir con cada uno de los criterios SMART a la perfección, pero intenta acercarte lo más posible.

Objetivos intermedios: dividir tu meta en pasos

Algunos objetivos, por su naturaleza, son a largo plazo. Por ejemplo, una persona que vive con demasiado estrés puede llegar a la conclusión de que su entorno laboral actual no es saludable, y plantearse como objetivo encontrar un nuevo trabajo en el plazo de 12 meses. Para poder empezar a moverse en esa dirección, puede ser muy útil dividir ese objetivo en subobjetivos, con plazos más cortos, que te ayuden a avanzar paso a paso. En un caso así, los objetivos intermedios podrían ser algo como esto:

- Actualizar mi currículum en el plazo de una semana
- Escribir una carta de presentación antes de que termine el mes
- Navegar por LinkedIn cinco minutos al día en busca de ofertas interesantes

Si sientes que tu objetivo general es demasiado grande o te abruma, puedes formular objetivos intermedios que te permitan acercarte mentalmente a tu meta. Por ejemplo, si tu idea es dar un discurso en la boda de tu amigo dentro de tres meses, podrías plantearte desafíos más pequeños y similares antes de llegar a ese momento: como hacer una presentación en el trabajo o dar unas palabras de bienvenida cuando recibas amigos a cenar en casa.

Los objetivos intermedios son una gran herramienta. Si tu meta se puede dividir en pasos más pequeños, ¡hazlo! Y no olvides que, al igual que cualquier otro objetivo, lo ideal es que esos subobjetivos estén formulados como acciones concretas que quieras incorporar o potenciar, y que sigan el enfoque SMART tanto como sea posible.

Objetivo:

____

____

____

____

Subobjetivos:

____

____

____

____

Apóyate en quienes te rodean

Involucrar a personas cercanas puede marcar una gran diferencia. Contarle a tu pareja o a un amigo en quien confíes lo que te estás proponiendo no solo suma motivación, sino que también puede ayudarte a mantener el compromiso. Comparte tus objetivos y subobjetivos con esa persona, y pídele que te acompañe, no solo animándote, sino también recordándote lo que has decidido hacer y cuándo.

Nuestros comportamientos están en gran medida determinados por sus consecuencias. Contar con alguien que te acompañe de cerca —alguien que revise contigo, de forma regular, los pasos que vas dando— puede aumentar mucho las probabilidades de que empieces y te mantengas en el camino.

Tal vez tengas algún amigo que también esté trabajando en un cambio personal. En ese caso, podéis apoyaros mutuamente y acompañaros en el proceso. Si te cuesta pedirlo, recuerda que, en general, a las personas les gusta ayudar, especialmente cuando se trata de alguien que les importa. Pregúntate: ¿cómo habrías respondido tú si un amigo te lo hubiera pedido?

Recompénsate

Lograr un cambio positivo en tu vida es, en sí mismo, una recompensa poderosa. Salir de un estado de desánimo, reducir el estrés o superar miedos viene muchas veces acompañado de una profunda sensación de satisfacción. Pero el camino hacia ese estado puede ser difícil, largo y hasta intimidante. Para ayudarte a mantener el impulso, es muy útil darte pequeñas recompensas. Elige algo con lo que quieras premiarte, tanto cuando alcances tu objetivo como en los momentos en que avances en la dirección correcta.

Así voy a recompensarme cuando alcance mi objetivo:

____

____

Ejemplo: Cuando me anime a ir a mi primera cita por Tinder, voy a salir a comer marisco con una amiga.

Así voy a recompensarme cuando avance en la dirección correcta:

____

____

Ejemplo: Cuando cree mi perfil en Tinder, me voy a hacer un buen tratamiento para el pelo.

¡ATENCIÓN! Recuerda hacer lo contrario

Romper con los hábitos no es fácil. Es muy común seguir funcionando en piloto automático. El poder de la costumbre es tan grande que muchas veces incluso olvidamos que estamos intentando cambiar algo.

Esto ocurre especialmente con todo lo que tiene que ver con nuestros pensamientos: dar vueltas a las cosas, preocuparse, criticarse a uno mismo. Los pensamientos tienden a tener vida propia, y es muy fácil volver —sin darnos cuenta— a esos patrones mentales que son justo lo que queremos romper.

Así que quizá necesites recordártelo de vez en cuando. Usa objetos de tu entorno como señales para hacer una pausa. Pregúntate si has vuelto a caer en viejos patrones y date un pequeño empujón para retomar el rumbo.

- Activa recordatorios en el móvil.
- Pega *post-its* en el espejo del baño, la nevera, el ordenador, el coche o donde sea (yo, por ejemplo, le puse pegatinas a mi hermano mayor durante un viaje de pesca para recordarme que tenía que respirar con el abdomen en una época de mucho estrés).
- Coloca un cuadro del recibidor al revés.
- Cambia el fondo de pantalla del móvil.
- Ponte el reloj en la otra muñeca.
- (Cualquier cosa que te haga reaccionar y decir: «¡Oye, para un segundo!»)

El camino hacia adelante

Trabajar en un cambio personal rara vez es un recorrido recto hacia la meta.

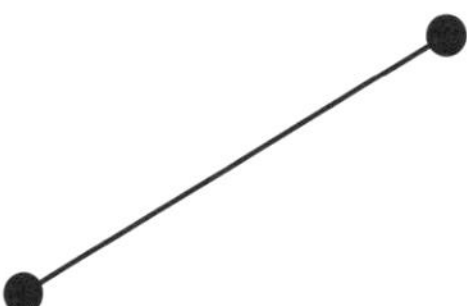

Nos gustaría que el cambio fuera así: una evolución clara y constante, que va de algo peor hacia algo mejor. Lamentablemente, casi nunca funciona de esa manera.

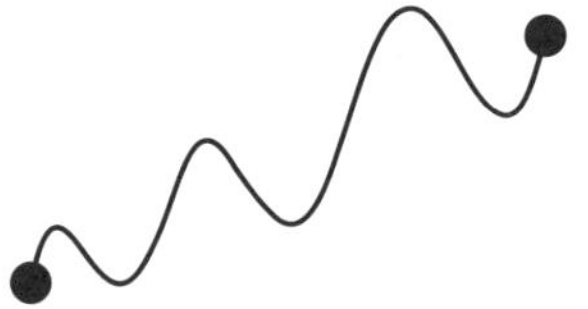

El proceso suele tener más bien esta apariencia: a veces avanzas y todo parece fácil. Otras veces entras en un bajón y te preguntas si has logrado avanzar en algo.

Suele hablarse de retrocesos: momentos en los que algo te empuja hacia atrás sin que lo esperes. Pero eso no significa que hayas vuelto al punto de partida. Los retrocesos forman parte natural de cualquier proceso de cambio. Intenta ver esos altibajos como oportunidades para aprender y pensar qué podrías hacer distinto la próxima vez.

No te rindas: sigue adelante y mantén la mirada puesta en lo que quieres lograr. Un retroceso no es motivo para criticarte o castigarte. Haz todo lo posible por afrontar los momentos difíciles con una buena dosis de autocompasión.

¿Lograste tu objetivo? ¡Felicidades! Es hora de hacer un plan

Has trabajado duro y alcanzado tu objetivo. ¡Felicidades! Date una merecida palmada en la espalda. Una vez que lo hayas celebrado y te hayas recompensado como corresponde, es momento de sentarte y trazar un plan para mantener tus avances en el tiempo. Tómate un momento para reflexionar y anotar tus respuestas a las preguntas que siguen.

Piénsalo como un plan de respaldo para cuando atravieses una mala racha o enfrentes un retroceso. Y también como algo que te acompañe en el camino hacia adelante.

¿Qué has aprendido a lo largo de este proceso y qué avances has logrado?

___

___

EJEMPLO: *Que no puedo resolver mi estrés trabajando cada vez más y más duro. Ahora hago una pausa para almorzar todos los días e intento salir de la oficina a las 17:00.*

¿Qué estrategias han sido más valiosas para ti?

___

___

EJEMPLO: *Me di cuenta de que la solución a mi estrés no es descansar todo el tiempo, sino mantenerme activa haciendo cosas que me divierten y me recargan de energía.*

¿Qué situaciones futuras podrían hacerte especialmente vulnerable a volver a tus antiguos patrones?

____

____

EJEMPLO: *Cuando no me doy tiempo para hacer ejercicio, me pongo más sensible y me cuesta desconectarme del trabajo.*

¿Cómo podrías afrontar esas situaciones de riesgo?

____

____

EJEMPLO: *Asegurándome de salir al menos a dar un paseo al mediodía, sin importar cuánto trabajo tenga.*

¿Cuáles son las primeras señales de que tus problemas están empezando a regresar?

____

____

EJEMPLO: *Que empiezo a dormir peor y reviso el correo electrónico todo el tiempo.*

¿Qué necesitas seguir practicando?

____

____

EJEMPLO: *Necesito mejorar aún más en decir que no a ciertas tareas en el trabajo y en tomar pequeñas pausas durante la jornada. También quiero dejar de revisar el correo del trabajo una vez que salgo de la oficina.*

SE ACABÓ LA CHARLA

Llegaste al final del libro. Quizá ya hayas dado algunos pasos para empezar a cambiar algo. Pero también es muy probable que no hayas hecho absolutamente nada, porque cambiar cuesta. Mucho. Así que, en vez de terminar con más palabras, voy a hacer lo contrario: Quiero invitarte a pasar a la acción concreta. ¡Suelta el libro y haz algo ahora mismo!

→ Si quieres reducir el estrés, pon una canción que te guste y mira por la ventana.
→ Si estás con el ánimo por el suelo, llama a una amiga.
→ Si quieres mejorar tu relación, manda un mensaje cariñoso a tu pareja.
→ Si estás lidiando con el insomnio, elige un libro que te gustaría leer (en el salón) para cuando te despiertes esta noche.
→ Si tienes pensamientos autocríticos, pregúntate qué te diría alguien que te quiere.
→ Si estás dándole vueltas a algo o sintiéndote inquieto, riega las plantas con toda tu atención.
→ Si quieres desafiar tu timidez, toca la puerta del vecino y pídele un poco de azúcar.

Eso es, ya estás en marcha.

“Just do it.”
– Nike

BIBLIOGRAFÍA

INTRODUCCIÓN

Estos dos artículos científicos analizan y debaten acerca de las posibles ventajas evolutivas y adaptativas de la depresión:

WATSON, P. J. Y P. W. ANDREWS «Toward a revised evolutionary adaptationist analysis of depression: The social navigation hypothesis», en *Journal of Affective Disorders*, 72(1), 2002, pp. 1–14.

TAVARES, A. C. D. S., R. F. F. LIMA Y R. S. TOKUMARU, «Evolutionary theories of depression: overview and perspectives», en *Psicologia USP*, 32, 2021, e200003.

Un artículo científico y un artículo periodístico que analizan posibles ventajas evolutivas de la infidelidad y las relaciones monógamas sucesivas:

JOKELA, M., A. ROTKIRCH, RICKARD, I. J., PETTAY Y V. LUMMAA, «Serial monogamy increases reproductive success in men but not in women», en *Behavioral Ecology*, 21(5), 2010, pp. 906-912.

MATHEWS AMOS, A. S., «Why They Stray: The Evolutionary Advantages of Infidelity», en *Pacific Standard*, https://psmag.com/social-justice/stray-evolutionaryadvantages-infidelity-93443.

Este es un libro fascinante del profesor de biología Daniel Lieberman sobre por qué los seres humanos estamos hechos para movernos, pero no para entrenar:

LIEBERMAN, D., *Ejercicio: cómo es que nunca evolucionamos para hacer ejercicio, por qué es saludable y qué debemos hacer*, Pasado y Presente, Barcelona, 2021.

El profesor de psicología y creador de la terapia de Aceptación y Compromiso (ACT, por sus siglas en inglés), Steven Hayes, ha reflexionado sobre la función original de muchas de las cosas que hoy nos complican la vida:

HAYES, S, *«Why Am I Always Like This»*, en *Psychology Today*, 2019, https://www.psychologytoday.com/us/blog/get-out-your-mind/201903/why-am-i-always.

Este es un fantástico estudio que investigó cuánto (o mejor dicho, qué poco) de todo lo que nos preocupa llega realmente a suceder.

LAFRENIERE, L. S., Y M. G. NEWMAN, «Exposing worry's deceit: Percentage of untrue worries in generalized anxiety disorder treatment», en *Behavior Therapy*, 51(3), 2020, pp. 413-423.

CAPÍTULO 1

Un libro clásico sobre activación conductual, pensado para psicólogos y profesionales de la salud mental:

MARTELL, C. R., S. DIMIDJIAN Y R. HERMAN-DUNN, *Behavioral activation for depression: A clinician's guide*, Guilford Publications, 2013.

Un libro interesante (y, tratándose de un psicólogo, sorprendentemente divertido) que indaga en qué cosas nos hacen felices, y explora hasta qué punto nuestras predicciones sobre el futuro están influidas por las emociones del momento:

GILBERT, D., *Tropezar con la felicidad*, Taurus, Madrid, 2007.

Me ha resultado difícil encontrar el estudio original del experimento de la moneda en la cabina telefónica, pero el psicólogo y premio Nobel Daniel Kahneman comenta esos hallazgos en el artículo:

ROBINSON, J., «What Were They Thinking?», en *Gallup Business Journal*, 2005, https://news.gallup.com/businessjournal/14503/what-were-they-thinking.aspx.

CAPÍTULO 2

Un libro confiable sobre terapia de pareja, dirigido a psicólogos y profesionales de la salud mental:

ANDERBRO, T., Y L. SVIRSKY, *Par i beteendeterapi: förhållningssätt och metoder*, Gothia Kompetens, Estocolmo, 2014.

Un buen libro para trabajar en la relación desde una perspectiva ACT (Acceptance and Commitment Therapy) y aprender la importancia de aceptar las diferencias del otro:

HARRIS, R., *Kärlekens ACT*, Natur & Kultur, Estocolmo, 2012.

Un libro fascinante de John Gottman, a quien a veces llaman «el profesor del amor». Lleva más de 40 años investigando qué hace que una relación funcione o se venga abajo:

GOTTMAN, J. M., Y N. SILVER, *Las siete reglas de oro para vivir en pareja*, Oniro, Barcelona, 2003.

CAPÍTULO 3

Para quien tenga interés en profundizar sobre lo que ocurre en el cuerpo cuando atravesamos un episodio de estrés intenso (lo que se conoce como respuesta de lucha o huida):

CHU, B., K. MARWAHA, SANVICTORES, T., Y D. AYERS, «Physiology, stress reaction», en *StatPearls*, 2019, https://www.ncbi.nlm.nih.gov/books/NBK541120/.

CAPÍTULO 4

Un muy buen libro que profundiza en el tema de la recuperación, escrito por uno de los psicólogos más destacados de Suecia en el campo del estrés:

ALMÉN, N., *Återhämtningsguiden: Må bra trots stress och press*, Natur & Kultur, Estocolmo, 2021.

Excelente libro para aprender a manejar mejor el estrés:

EK, D., B. HEDENSJÖ, Y F. LIVHEIM, *Tid att leva: ett tioveckors program för stresshantering med ACT och medveten närvaro*, Natur & Kultur, Estocolmo, 2017.

Artículo sobre cómo el estrés moderado fortalece la memoria operativa:

OSHRI, A., CUI, Z., M. M. OWENS, C. A. CARVALHO, Y L. SWEET, «Low-to-moderate level of perceived stress strengthens working memory: Testing the hormesis hypothesis through neural activation», en *Neuropsychologia*, 2022, 176, 108354.

Estudio que muestra que nos sentimos atraídos por lo que es (o se afirma que es) urgente:

ZHU, M., Y. YANG, Y C. K. HSEE, «The mere urgency effect» en *Journal of Consumer Research*, 45(3), 2018, pp. 673-690.

CAPÍTULO 5

Libro excelente y práctico con técnicas para dejar de rumiar, del psicólogo sueco Olle Wadström:

WADSTRÖM, O., *Sluta älta och grubbla: lättare gjort med kognitiv beteendeterapi*, BoD-Books on Demand, 2017.

Obra de referencia para el tratamiento de la preocupación y el trastorno de ansiedad generalizada, dirigida a psicólogos y terapeutas:

ROBICHAUD, M., N. KOERNER Y M. J. DUGAS, *Cognitive behavioral treatment for generalized anxiety disorder: From science to practice*, Routledge, Londres, 2019.

Estudio de Harvard que investigó qué porcentaje de nuestros pensamientos se centran en lo que no está ocurriendo en el momento presente (y concluye que eso nos hace infelices):

KILLINGSWORTH, M. A., Y D. T. GILBERT, «A wandering mind is an unhappy mind», en *Science*, 330(6006), 2010, pp. 932-933.

Uno de los innumerables estudios que señalan cómo la rumiación está relacionada con, y aumenta el riesgo de padecer ansiedad y depresión:

MICHL, L. C., K. A. MCLAUGHLIN, K. SHEPHERD Y S. NOLEN-HOEKSEMA, «Rumination as a mechanism linking stressful life events to symptoms of depression and anxiety: longitudinal evidence in early adolescents and adults», en *Journal of abnormal psychology*, 122(2), 2013, p. 339.

CAPÍTULO 6

Revisión de múltiples investigaciones sobre los efectos paradójicamente beneficiosos que tiene en los problemas de sueño de las personas el instruirlas para que intenten permanecer despiertas:

JANSSON-FRÖJMARK, M., S. ALFONSSON, B. BOHMAN, A. ROZENTAL Y A. NORELL-CLARKE, «Paradoxical intention for insomnia: A systematic review and meta-analysis», en *Journal of Sleep Research*, 31(2), e13464, 2022.

Libro confiable para trabajar con problemas de sueño, escrito por uno de los principales investigadores de Suecia en sueño y psicología (y también mi antiguo supervisor):

JERNELÖV, S., *Sov gott!: råd och tekniker från KBT*, Percussina förlag, Estocolmo, 2015.

Revisión de múltiples investigaciones que muestra que los dueños de perros viven más tiempo:

KRAMER, C. K., S. MEHMOOD Y R. S. SUEN, «Dog ownership and survival: a systematic review and meta-analysis» en *Circulation: Cardiovascular Quality and Outcomes*, 12(10), e005554, 2019.

Sobre los efectos de la lectura de libros en la prolongación de la vida:

BAVISHI, A., M. D. SLADE Y B. R. LEVY, «A chapter a day: Association of book reading with longevity», en *Social science & medicine*, 164, 2016, pp. 44-48.

Sobre el paradójico miedo a enfermar que podría acortar tu vida:

Mataix-Cols, D., K. Isomura, A. Sidorchuk, D. Rautio, V. Z. Ivanov, C. Rück y L. F. De La Cruz, «All-cause and cause-specific mortality among individuals with hypochondriasis», en *JAMA psychiatry*, 81(3), 2024, pp. 284-291.

Sobre la importancia del hilo dental:

Paganini-Hill, A., S. C. White y K. A. Atchison, «Dental health behaviors, dentition, and mortality in the elderly: the leisure world cohort study» en *Journal of aging research*, 2011.

Estudio sobre cómo los bebedores de café parecen vivir más tiempo:

Loftfield, E., Cornelis, M. C., Caporaso, N., Yu, K., Sinha, R., y N. Freedman, «Association of coffee drinking with mortality by genetic variation in caffeine metabolism: findings from the UK Biobank», en *JAMA internal medicine*, 178(8), 2018, 1086-1097.

CAPÍTULO 7

Artículo sobre lo inútil de la autocrítica:

McIntyre, R., P. Smith y K. A. Rimes, «The role of self-criticism in common mental health difficulties in students: A systematic review of prospective studies», en *Mental Health & Prevention*, 10, 2018, pp. 13-27.

Un conjunto de artículos sobre las numerosas ventajas de practicar la autocompasión:

Neff, K. D., «The role of self-compassion in development: A healthier way to relate to oneself», en *Human development*, 52(4), 2009, pp. 211-214.

Breines, J. G., y S. Chen, «Self-compassion increases self-improvement motivation» en *Personality and Social Psychology Bulletin*, 38(9), 2012, 1133–1143.

Neff, K. D., Rude, S. S., y K. L. Kirkpatrick, «An examination of self-compassion in relation to positive psychological functioning and personality traits», en *Journal of Research in Personality*, 41(4), 2007, pp. 908-916.

Neff, K. D., y R. Vonk, «Self-compassion versus global self-esteem: Two different ways of relating to oneself», en *Journal of Personality*, 77(1), 2009, pp. 23-50.

Sbarra, D. A., H. L. Smith y M. R. Mehl, «When leaving your ex, love yourself: Observational ratings of self-compassion predict the course of emotional recovery following marital separation», en *Psychological Science*, 23(3), 2012, pp. 261-269.

Morin, A., *Science Explains The Link Between Self-Compassion And Success*, Forbes, 2015, https://www.forbes.com/sites/amymorin/2015/10/01/science-explains-the-link-between-self-compassion-and-success/

Artículo interesante sobre el auge (y la caída) de la autoestima en la investigación psicológica en Estados Unidos:

Singal, S., *How the Self-Esteem Craze Took Over America And why the hype was irresistible*, 2017, https://www.thecut.com/2017/05/self-esteem-grit-do-they-really-help.html

CAPÍTULO 8

Excelente libro sobre cómo cambiar comportamientos:

Rozental, A., M. Oscarsson y P. Carlbring, *Tio i tolv: en bok om att lyckas med nyårslöften, mål och beteendeförändringar*, Natur & Kultur, Estocolmo, 2018.

Manual de conversaciones motivadoras, para psicólogos y terapeutas:

Miller, W. R. y S. Rollnick, *Motiverande samtal. Hur man hjälper människor att bli "villiga, kunniga och redo" att genomföra förändringar som förbättrar kvaliteten i deras liv*, Natur & Kultur, Estocolmo, 2003.

AGRADECIMIENTOS

A Totte Stub, por ayudarme a dar forma a este proyecto, por las lluvias de ideas compartidas y por esas conversaciones importantes, llenas de pensamientos y puntos de vista valiosos.

A Tania Neuman, por leer con paciencia y aportar ideas brillantes. Gracias también por recordarme, en más de una ocasión, cuál era la idea central de este libro.

A Björn Hedensjö, por tu entusiasmo, tu guía y por ayudarme a seguir mis propios consejos y hacer lo contrario cuando más lo necesitaba.

A Malin von Werder y Patrik Pagréus, por las charlas tan útiles sobre la forma y el enfoque.

A John Argelander y Linnea Werner, por sus ideas, opiniones y palabras de aliento.

A la editora Cecilia Viklund, el editor Bengt Åkesson y el diseñador Sebastian Wadsted, por hacer que el proceso de crear un libro fuera tan divertido.